JN222971

BCG

ボストン コンサルティング グループ

金融グループ［著］

Boston Consulting Group

デジタル革命時代における銀行経営

一般社団法人 **金融財政事情研究会**

序　章

　人類がつくりあげた資本主義という「仕組み」において、銀行に求められる本源的な機能はいまも昔も変わらない。世の中で余剰とされているお金を集めて（預金）、広く流通できる状態を保ち（決済）、それを求める需要先に貸し出す（信用）。市場取引を含め適切なかたちでリターンを返す（運用）。加えて、お金の流れの側面から経済活動のリスクリターンを制御する（リスク管理）。これらはいずれも銀行が担う重要な機能であり、外的ショックで一時的に機能不全に陥る時期はあったものの、その意味合いは不変である。

　こうした本源的な機能を果たすことは変わらず要請されている一方で、銀行業には短期的な外的ショックにとどまらない、構造的な環境変化の波が重層的に押し寄せている。序章を担当する筆者（佐々木）は1990年代初頭に銀行に入行したが、すでにその頃から銀行のビジネスモデルのあり方を問う議論はあった。だがその後さらに、日本国内での不良債権問題、世界全体に激震をもたらしたリーマンショック、直近ではグローバル先進国における低金利・マイナス金利等、銀行を取り巻く環境は劇的に変化している。

　このような構造的な環境変化のなかでも、これまでにないスケールの波が近年押し寄せている。デジタル技術の進展である。

　インターネット、モバイルが一般生活者に普及していくに伴い、消費者や企業の購買行動が大きく変化している。ネットの世界を起点に巨大化するプラットフォーマーが、自らが構築するエコシステムのなかで顧客との結びつきを強めるべく決済サービスを提供する動きが広まっている。AI技術をはじめテクノロジーを活用したデータの解析技術が格段に進化したことで、たとえば信用情報の領域などでは従来は銀行のみがもっていた相対的な優位性が薄れてきている。これまで銀行が有利にビジネスを展開してきた事業領域

が、デジタル技術の活用に秀でた他の業界のプレーヤーによって大きく浸食されつつある。業界という枠のなかで各社が差別化を図ってきたこれまでとは競争のロジック自体が変わるなかで、銀行も従来にないやり方でビジネスモデルを変革することが求められている。

　本書は、デジタル技術の活用を通じて銀行の未来の姿をどう再定義すべきかという大きなテーマに沿って、銀行業におけるデジタルを活用した企業変革のあり方について、各ビジネスライン、組織機能という視点から書き起こした論考を取りまとめたものである（図表0－1）。いずれもコンサルティング業務の実践を通じて得た成果、知見を基盤としており、決して机上の演繹的、抽象的な議論の寄せ集めではない。今日のコンサルティングにおいては、具体的なインパクトが創出されないサービスは成立しえない。私たちボストン コンサルティング グループは、日本の銀行業界に対し、未来に向け

図表0－1　本書の構成

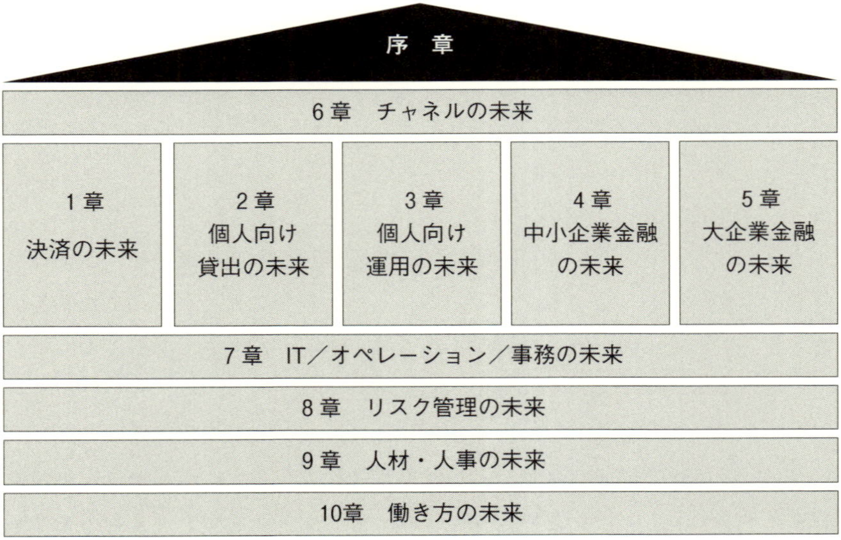

序　章				
6章　チャネルの未来				
1章 決済の未来	2章 個人向け 貸出の未来	3章 個人向け 運用の未来	4章 中小企業金融 の未来	5章 大企業金融 の未来
7章　IT／オペレーション／事務の未来				
8章　リスク管理の未来				
9章　人材・人事の未来				
10章　働き方の未来				

た企業変革を実際の行動や成果につながるかたちで実現する支援を長年にわたり提供してきた。そのなかで培った実践知の一端をグローバルの最新の知見とあわせて日本の読者の方々に向けてご紹介したいという思いから、書籍としてまとめるに至ったのが本書である。

経済の構造変化は、チャンスとリスクの両面で企業活動に大きな影響を与えるものだ。私たちは、銀行業に限らず、この大きな構造変化のなかで企業が競争に勝ち、継続的に成長するためには、経営の基盤を従来の枠組みを超えて進化させることが不可欠だと考えている。前述のとおり、デジタル技術の進化は大きな脅威ではあるが、同時に可能性も秘めている。銀行が活用可能なデータ量は飛躍的に増大し、これをつかんだ企業のビジネス機会は、伝統的な銀行業の枠組みを超えて拡大していく。銀行が急速な変化に柔軟に対応できれば、新たな競争優位性を築く好機となる。

このような変革を実践していくうえで肝要なのは、銀行はなんら特別な存在ではなく、他の産業と同じ基準で評価される一企業だという意識を持ち続けることだ。この点は、過去に銀行が歩んだ歴史（場合によっては過ち）を振り返ることでより明らかになる。

銀行はあくまでも実体経済のニーズにかなう金融サービスを提供することに軸足を置くべきであり、銀行が銀行のために収益のかさ上げをねらうようなことがあれば、社会の尊敬を勝ち取ることはできない。顧客（個人＋企業）のニーズをどう充足させるかを思考の出発点とし、金融のもつ本源的な機能にデジタル技術の力を主体的に取り入れて、自社が社会に対し何をなすべきかをデザインし直すことが求められているのだ。これは本業を含めさまざまな側面で社会に与える価値と、事業の生み出す経済的価値の両面から銀行の存在意義（パーパス）を再定義することにほかならない。

本書を通じて、銀行業に現在従事されている方々とこれから銀行業界を目指す方々が、未来に向けて銀行の事業領域をいま一度設定し、新しい切り口で戦略を策定し、さらには、自行の存在意義を自ら再定義するきっかけをご

提供できればと願っている。銀行関係者が納得し、誇りをもてる存在意義を確立できれば、いま、そしてこれからの社会で必要とされ、社会のためにあらんとする銀行として再び輝けるはずである。

2019年12月

ボストン コンサルティング グループ
金融グループ

目　　次

1 章	**決済の未来**　リテール決済領域の地殻変動	

海外で広まる「スマホ決済」の衝撃 ……………………………………………… 2

変わり始めた「決済の概念・体験」 ……………………………………………… 3

海外でキャッシュレス決済を普及させたドライバー ……………………………… 6

日本でのキャッシュレス決済の進展状況とその背景 ……………………………… 8

どのような将来シナリオが浮上してくるのか …………………………………… 13

銀行の戦略的オプションにはどんなものがあるのか …………………………… 14

　店舗やATMはどうあるべきか ………………………………………………… 14

　預金口座や為替取引など、本源的な決済サービスに

　　どうかかわるべきか ……………………………………………………………… 15

　全国銀行データ通信システム（全銀システム）や

　　自行の勘定系システムなどの既存インフラをどう考えるのか ………… 16

The future is not giver（未来は自分でつくる）…………………………… 17

2 章	**個人向け貸出の未来**	

曲がり角を迎えた従来型のビジネスモデル ……………………………………… 20

欧米では「4つの変革」が進行中 ………………………………………………… 22

　購買行動の上流に踏み込んだ

　　マーケティング・UX（顧客体験）の変革 ………………………………… 22

　データやAIを活用したスコアリング・審査 ……………………………… 24

　ペーパーレス・自動化による即時・省力でのプロセシング ……………… 25

　貸出におけるリスクのあり方の変換 ………………………………………… 25

銀行が目指すべき方向性は？　提供すべき「価値」は？ ……………………… 26

　　既存事業の省力化・筋肉質化 ……………………………… 27

　　「よりよい暮らしのコンシェルジェ」 ……………………… 27

　　顧客接点・プラットフォーマーとの提携により、

　　　送客を受けるビジネスへ ………………………………… 27

　　新たなプレーヤーの裏側でノウハウを補完 ……………… 28

　トライアンドエラーで先進的・挑戦的な取組みを ………… 29

3 章　個人向け運用の未来

これまでの個人向け運用 ……………………………………… 32

個人向け運用の未来を決めるドライバー …………………… 33

　① "リレーション消滅" シナリオ ………………………… 36

　② "デジタル接点" シナリオ ……………………………… 39

　③ "対面・デジタル融合" シナリオ ……………………… 42

　④ "デジサポ（デジタルサポート）対面" シナリオ …… 45

デジタル時代のKSFは感情をうまくとらえること ………… 47

　【コラム】　資産運用ビジネス──投資家ニーズの二極化への対応 ……… 48

4 章　中小企業金融の未来
いま必要なエコシステムの発想

銀行は中小企業が求めるものを提供できていない …………… 54

中小企業が抱える３つのペインポイント ……………………… 55

ペインポイント解消のカギを握る「エコシステム」 ………… 58

　顧客起点 ………………………………………………………… 59

　データ活用 ……………………………………………………… 61

　中小企業のデジタル活用加速 ………………………………… 62

邦銀が目指すべきエコシステムのかたち ……………………… 64

エコシステム構築のポイントと注意点 ………………………… 66

	5 章	大企業金融の未来	

邦銀大手と大企業との関係性が変容 ·· 72

大企業金融をめぐる環境変化：

　デジタル化の進展を背景に顧客接点をねらう競争が激化 ············· 77

外銀のオペレーティングモデルとは ·· 79

　① 対顧接点では、専門家が活躍 ·· 80

　② 「総合採算」の規律に基づき、顧客戦略を立案・実行 ············· 81

　③ グローバル軸での組織運営と、それを可能にするIT基盤 ········· 82

　④ セクター別知見の獲得に投資し、横展開 ·································· 84

　⑤ 自行にしかないデータを使って、顧客より早く示唆を出す ········· 85

邦銀が大企業金融の領域で目指すべきモデル ······························· 86

	6 章	チャネルの未来	

ネットカフェのような店舗で「タブレット接客」 ···························· 92

店舗チャネルとデジタルチャネルの主従関係が逆転 ······················ 94

チャネル改革は「銀行改革」 ··· 97

　各チャネルの位置づけや役割を再定義する ·································· 97

　新たなサービスモデルを構築する ·· 99

　デジタル／テクノロジーへの投資 ·· 101

　行員に新たなスキルを獲得させる ·· 103

　業績評価体系の再構築 ·· 104

経営陣のリーダーシップで「経営改革」として進める ··················· 105

　【コラム】 企業向け金融の顧客接点モデル変革の視点 ··············· 106

7 章　IT／オペレーション／事務の未来

先進行で加速する「デジタルシフト」 ……………………………………………… 110

人とテクノロジーの協業・補完関係をどのように実現するかがカギ …… 111

① フロントでの商品販売 ………………………………………………………… 114

② バックエンド事務 ……………………………………………………………… 115

③ 新商品企画 ……………………………………………………………………… 115

オペレーションのデジタル化を進めるには組織の変革が不可欠 ……… 116

デジタル時代に必要とされるITアーキテクチャの姿 ………………………… 118

① Front-to-Backアプローチ ………………………………………………… 122

② Front & Backアプローチ …………………………………………………… 123

③ Back-to-Frontアプローチ ………………………………………………… 123

DevOpsなどの新しい開発手法を取り入れることも必要 …………………… 123

8 章　リスク管理の未来

世界の主要行に押し寄せる「規制の波」 ………………………………………… 130

「未来型CRO」に求められる役割 …………………………………………………… 134

① 規制・コンプライアンスの戦略的遵守 ………………………………… 135

② リスクマネジメントを競争優位の源泉へ ……………………………… 136

③ リスク管理機能のデジタル化 …………………………………………… 138

④ イノベーションや競争優位構築に向けたレグテックの活用 ……… 139

邦銀が競争優位を確保するために必要な２つのチャレンジ ……………… 142

9 章　人材・人事の未来

人事改革を迫る３つの潮流——多様化、変化の時代、デジタル ………… 146

人材の需給双方での多様化の拡大 ………………………………………… 147

事業環境の急速な変化 ……………………………………… 148

デジタル化への対応 …………………………………………… 149

人材マネジメントにおける発想の転換 ……………………… 150

人材マネジメント改革のポイント …………………………… 152

  ビジネス戦略目線での人材ポートフォリオの再構築 ……… 152

  競合・他業界との人材獲得競争に打ち勝つエンゲージメント向上 … 155

  ①　多様かつオープンな「キャリアパス」の実現 ………… 155

  ②　デジタル化を支える「育成」 ………………………… 157

  ③　育成・行動変革ツールとしての「評価」 …………… 158

  ④　企業としての「存在意義（Purpose）」の明確化 ………… 159

10 章　働き方の未来
「アジャイル」が変える組織のあり方

金融機関を取り巻く環境の変化 ……………………………… 164

変化適応・イノベーションの創出を可能にする

 「これからの働き方」とは …………………………………… 165

「アジャイル」の思想とは ……………………………………… 167

アジャイル開発の実際：プロジェクトの進め方とチーム構成 ……… 171

  ①　プロダクトオーナー ……………………………………… 173

  ②　開発チーム ………………………………………………… 174

  ③　スクラムマスター ………………………………………… 175

デジタル時代に銀行が「アジャイル」を導入するには ………… 175

  ステップ１："アジャイル特区"を設ける ………………… 176

  ステップ２：アジャイル導入の障壁になる既存制度を再設計／変革

         して特区で試す …………………………………… 176

  ステップ３：アジャイルに適した制度や環境の全社移植（Agile@Scale）…… 178

あとがき ………………………………………………………… 181

決済の未来

リテール決済領域の地殻変動

序　章				
6章　チャネルの未来				
1章 決済の未来	2章 個人向け 貸出の未来	3章 個人向け 運用の未来	4章 中小企業金融 の未来	5章 大企業金融 の未来
7章　IT／オペレーション／事務の未来				
8章　リスク管理の未来				
9章　人材・人事の未来				
10章　働き方の未来				

人は近い将来、銀行口座ではなく、スマホ上の電子マネーや仮想通貨で決済や送金をすませるようになるかもしれない。決済から支払行為が完全になくなり、取引や買い物はよりスムーズな、楽しい体験になるかもしれない——。GAFAをはじめとするディスラプターがそうした世界を創造しようとしているいま、銀行は何をどう考えるべきか。海外でキャッシュレス決済を普及させたドライバーと、日本における普及を阻むボトルネックから考察する。

海外で広まる「スマホ決済」の衝撃

　市中銀行には3つの金融機能がある。

　1つ目は、さまざまな情報やネットワークを駆使して資金の借り手と貸し手のニーズを結びつける「金融仲介」。2つ目は、預金の受入れと貸出を繰り返すことによって最初に受け入れた預金（本源的預金）以上の預金通貨（派生的預金）を生み出す「信用創造」。そして3つ目が、現金や預金を受け渡すことによって取引を完了させる「決済」だ。そのうち、私たちの生活に最も密接にかかわっているのが決済で、社会的存在である銀行にとっては重要な事業領域になる。

　決済には個人や企業の間で行われる「リテール決済」と銀行間で行われる「ホールセール決済」があるが、近年、テクノロジーやデジタル化の進展によって支払方法が多様になり、決済、特にリテールの領域において新しいタイプのサービスが台頭してきている。その動きが顕著なのは海外で、「QRコード決済」「個人間（P2P）決済」「モバイルウォレット」といったキャッシュレス（非現金）サービスが大きな花を咲かせている。それらはスマートフォンを用いることからまとめて「スマホ決済」とも呼ばれるが、サービス内容や主なプレーヤーは大きく異なる。

　QRコード決済が最も盛んなのは中国で、電子商取引（EC）最大手アリババグループの支付宝（アリペイ）やインターネットサービス大手・テンセントの微信支付（ウィーチャットペイ）などのサービスが急速に広まってい

る。QRコード決済では、スマホ向けアプリと内蔵カメラを用いて店舗が提示するQRコードを読み取る、あるいはスマホの画面上に表示されるQRコードを店側が読み取ることで決済が完了する。代金は、あらかじめ登録したクレジットカードや電子マネーから引き落とされる仕組みだ。主にクレジットカードのインフラが普及していなかった新興国で顕著に浸透している。

　個人間決済は、P2P（コンピュータネットワークに接続されている端末が1対1で通信を行い、データを送受信する通信技術）を利用するサービスで、スマホアプリ上で銀行口座やクレジットカードの情報を登録するだけで同じサービスを利用する家族に仕送りをしたり、友人との飲食代を"割り勘"にしたうえで代表して支払う人に送金したりすることができる。相手の口座番号などを知らなくても手数料無料で送金できることや簡易SNS（ソーシャル・ネットワーキング・サービス）の機能を備えていることも大きな特徴で、若者の間で人気になっている。特に欧米で普及しており、スウェーデンの主要銀行が共同開発したSwish（スウィッシュ）や北米のペイパル子会社が提供するVenmo（ベンモ）といったサービスがよく知られる。

　モバイルウォレットは、文字どおり電子財布のようなものだ。スマホにクレジットカードなどの情報を登録し、店に設置された専用の読取り機にかざすだけで決済を完了できる。北米のIT大手アップルが開発したApple Pay（アップルペイ）やグーグルのGoogle Pay（グーグルペイ）、韓国サムスングループのSamsung Pay（ナムスンペイ）などが代表的なサービスで、利便性の高さから注目を集めている。クレジットカード番号などはトークナイゼーション（機密情報をいったん別の情報に置き換えて保存・利用する技術）で暗号化するため、情報が外部に流出しても不正利用されない仕組みになっている。

変わり始めた「決済の概念・体験」

　キャッシュレス決済を、別の角度から考えたい。
　そもそもキャッシュレス決済は支払方法によって「ポストペイ（後払い）

型」「リアルタイムペイ（即時払い）型」「プリペイド（前払い）型」に大別
される。ポストペイ型にはカード会社が発行するクレジットカードがある。
リアルタイムペイ型には銀行が発行するデビットカードがあり、中国の銀聯
（ぎんれん）カードが有名だ。プリペイド型には電子マネーがあり、大手鉄
道事業者が発行する「交通系」、大手小売事業者が発行する「流通系」など
がある。スマホ決済についてはひとくくりにできないが、個人間決済はリア
ルタイムペイ型、QRコード決済はプリペイド型に分類されることが多い。

　キャッシュレス決済の歴史はクレジットカードの誕生を起点（北米ダイ
ナースクラブの設立を起点にするなら1950年）に考えることができるが、90年
代後半頃からインターネットが急速に普及し、2010年頃からモバイルテクノ
ロジーやIoT（Internet of Things）の研究・開発が加速したことで、キャッ
シュレス決済の領域にも革新的な技術が入り込んだ。その結果、決済をめぐ
るエコシステムが拡大、サービスの中身や顧客との接点も大きく変化した。
そのことを視覚的に示したのが図表1－1である。

　年数などは少し大雑把に区切っているが、これをみると技術の進展に歩を
あわせるかのようにユニークなキャッシュレスサービスがリリースされ、オ
ンライン（ネット）だけではなく、オフライン、つまりリアル（実店舗）で
の決済にも対応し始めていることがわかる。足元ではスマホ決済が広まり、
中国では現金決済が担っていた役割をQRコード決済が代替するとともに、
クレジットカードやデビットカードのポジションをも脅かしつつある。

　モバイルウォレットなどは「自分の財布からクレジットカードを取り出し
て代金を支払う」ことを携帯で行っているにすぎないが、20年以降を展望す
ると決済の概念や決済体験を根底から変えるような新サービスの実用化や普
及が視野に入っている。その次世代の幕を開けようとしているディスラプ
ター（既存の市場に参入してくる異業種の創造的破壊者）の代表格が、GAFA
（Google、Amazon、Facebook、Apple）の一角、Amazonだ。

　Amazonの世界観や決済観を象徴しているのは18年1月に実験的に開店さ
せたコンビニエンスストア「Amazon Go」だ。店の特徴はノーライン・

図表1-1 決済領域の技術トレンド

グローバルにおける決済サービス発展のロードマップ

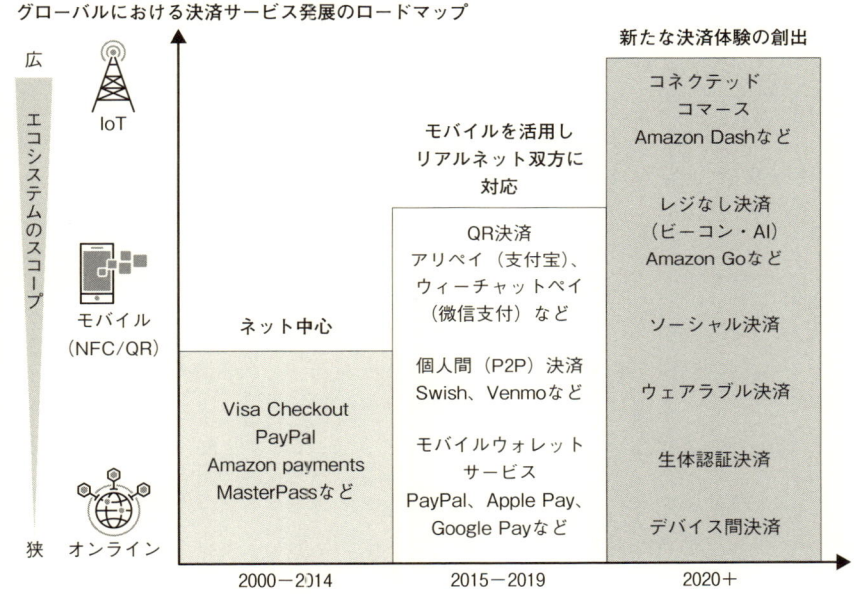

（出所）　BCGプロジェクト

ノーチェックアウト、つまりレジがなく、店内での支払もレジ待ちもない。利用者は専用アプリをダウンロードしたスマホを自動改札機のようなゲートにかざし、QRコードによる個人認証を行って入店する。ほしい商品を選び（棚から商品を取り上げるとアプリ内のカートに自動的に追加され、棚へ戻すとカートから除外される）、ストレスなく買い物を楽しんだ後、ゲートから店外へ出るだけだ。

　一方、店側はカメラやセンサーなどのほか、AI（人工知能）を導入しており、商品の動きだけではなく、「この利用者は何を買ったのか」「何を買うのをやめたのか」「購入する際に何と何を比べたのか」といった一人ひとりの行動や嗜好まで追跡できる。したがって「ある女性が、ある時期・ある時間帯にクッキーとせんべいを手に取り、迷った末にせんべいを買った」という購買例があれば「クッキーとせんべいはその女性の好物である可能性が高

い」「その女性にとってその時期・時間帯はクッキーとせんべいが競合する可能性がある」といったワントゥワンマーケティングも可能になる。当然、そのカスタマーデータは保存・蓄積され、次の「その利用者をより満足させる買い物」に生かされる。

海外でキャッシュレス決済を普及させたドライバー

人は近い将来、銀行口座ではなく、スマホ上の電子マネーや仮想通貨で決済や送金をすませるようになるかもしれない。決済から支払行為が完全になくなり、取引や買い物はよりスムーズな、楽しい体験になるかもしれない——。GAFAをはじめとするディスラプターがそうした世界を創造しようとしているいま、一種の装置産業である銀行は何をどう考えるべきか。また今後どう生きるべきか。

その考察を深めるため、まずは「海外でキャッシュレス決済を普及させたドライバーは何だったのか」、そして「日本でのキャッシュレス決済の進展状況はどうか、またその背景にはどんな事情があるのか」を考察してみたい。

海外でキャッシュレス決済、特にスマホ決済を普及させたドライバーは次の3つだと考えている。

1つ目は、決済サービスの導入費用やインフラ関連費用が大幅に低下したことだ。つまり、コスト面のメリットである。クレジットカードや電子マネーなど、従来のキャッシュレス決済には専用の端末や回線が必要だったため、サービス事業者は加盟店に対して端末を配布したり回線を敷設したりしていた。しかし近年、スマホやタブレット端末が普及し、人々が高性能なコンピュータと読取り機を手にもって歩く時代になった。専用の端末や回線が不要になり、導入費用やインフラ構築費用が飛躍的に安くなったため、従来とはまったく異なるプレーヤーが市場に参入できるようになった。

2つ目は、「人間はほぼ毎日、ネット・リアルのいずれかで、またはその双方でなんらかの決済を行う」ことから、キャッシュレス決済が「顧客接点

を確保するきわめて有効な手段」として注目されるようになったことだ。事実、デジタル時代においては、顧客接点をしっかり押さえるプラットフォーマーが莫大な収益をあげている。ECの巨人アリババとSNSの有力プレーヤー・テンセントがそれぞれ「アリペイ」「ウィーチャットペイ」という姿でリアル決済領域で競い合っているのは決して偶然ではない。彼らは、利便性の高い決済サービスをほぼ無料で店舗や一般の利用者に提供し、そこで獲得した顧客接点をさまざまなローンや投資商品販売などの金融サービスのクロスセル（関連商品の販売や併売）や広告収入につなげている。これらのプラットフォーマーにとって、決済サービスは金融領域に入り込むための入り口にすぎない。アリババやテンセントの成功を模倣するように、世界各地でプラットフォーマーやデジタルプレーヤーが決済サービスで獲得した顧客基盤や決済のための「口座」を活用して、デジタルベースの金融サービスの本格展開に成功しつつある。図表1－2はこうしたプラットフォーマーの金融サービスへの進出動向をまとめたものである。足元、本邦においてデジタルプレーヤーが決済サービスに「殺到」しているのも、こうしたグローバルの文脈をふまえると理解しやすい。

　3つ目は、キャッシュレス決済サービスがもたらすデータの価値に関心が集まっていることだ。「データは21世紀の油田」といわれるように、AIやビッグデータ（従来のデータベース管理では記録や保管がむずかしい巨大なデジタル情報群）の活用が一般化した社会では、大量のカスタマーデータが競争優位の源泉になる。その点、決済サービスは他のサービスに比べて粒度の細かいデータをほぼリアルタイムに入手することができる。Amazon Goがその好例だ。

　それに加え、決済サービスでは規制上、名前や年齢、住所などのKYC（本人確認）情報が必要になるため、理論的には「おむつなどのベビー用品を揃え始めている杉並区在住の30代女性に対し、自宅最寄りの銀行店舗で学資保険の勧誘を行う」といったワントゥワンマーケティングができる。決済サービスの運営を通じて"宝の山"ともいえるカスタマーデータをつかめる

図表１－２　プラットフォーマー企業の金融サービスへの取組例（アジア企業）

		アリババ 中国 （Eコマース）	テンセント 中国 （ソーシャルメディア）	ペイ・tm インド （Eコマース）
プラット フォーマー				
決済		Alipay 2003	WeChat Pay 2013	Paytm Wallet 2014
貸出		Huabei 2015	Weilidai 2015	Get Loans 2016
保険		Ant Financial Services 2018	WeSure 2017	大手保険会社と 保険料支払いで提携 2015
資産運用		Yu'e Bao 2013	LiCaiTong 2014	Paytm Money 2015
フルデジタル バンク		MYbank 2015	WeBank 2015	Paytm Payment Bank 2017

（注）　それぞれの分野におけるサービス／サービスを提供する企業名／取組みなど、およ
（出所）　企業公表データ、BCG/Expand FinTech Control Tower

ため、有力なデジタルプレーヤーが市場に入り込んできている。

日本でのキャッシュレス決済の進展状況とその背景

　翻って、日本の状況はどうか。

　さまざまなキャッシュレス決済のなかで比較的勢いがあったのは電子マ
ネーだ。2000年代初頭、世界に先鞭をつける格好で大手鉄道事業者や小売・
流通事業者が電子マネーを発行し、市場の開拓に取り組んだ。しかし、彼ら
の電子マネー事業は一定の利用者や加盟店を獲得したものの、現金決済を置
き換えるほどのボリュームには至らず、頭打ちとなった。後年の中国とは対
照的に国民のキャッシュレスへの関心はふくらまず、革命的なムーブメント
は起きなかった。

カカオ 韓国 (ソーシャルメディア)	グローブ・テレコム フィリピン (通信事業者)	ゴジェック インドネシア (配車サービス)	グラブ シンガポール (配車サービス)	リッポーグループ インドネシア (コングロマリット)
Kakao Pay 2014	Mynt 2015	GO PAY 2016	GrabPay 2016	OVO 2017
↓	↓	↓	↓	↓
Kakao Bank 2017	FUSE 2017	Findayaと提携 2018	クレディセゾンと提携 2018	Taralite買収 2019
クラウド保険 Inbyu買収 2019	Gcash PowerPay＋ 2012	Gigacoverと提携 2019	Chubb保険と提携 2018	
Kakao Bank 2018				
Kakao Bank 2017				

びサービス開始年。

　経済産業省が18年4月に公表した「キャッシュレス・ビジョン」によると日本のキャッシュレス比率は15年時点で19.4％。同じアジアの韓国が89.1％、中国が60％に到達しているほか、キャッシュレス化が進展している国で軒並み40〜60％台程度になっていることを考えると、大きく後れをとっているといっていい。キャッシュレス比率は算出方法や条件によってばらつきがあり、実社会の様相を正確に反映しているとは限らないが、私たちBCGの調査でもキャッシュレス化が進行しているとは言いがたい状況がみてとれる。たとえば図表1－3は人口1人あたりのキャッシュレス決済を「10年」と「11〜16年」とで比較したものだ。これをみると日本はイタリアやスペインなどと並んで現金志向が強く、キャッシュレス決済があまり伸びていないことがわかる。

図表１－３　キャッシュレス決済の進展：先進国の間でも大きな隔たり

人口１人あたりのキャッシュレス
決済件数（2011－2016年）

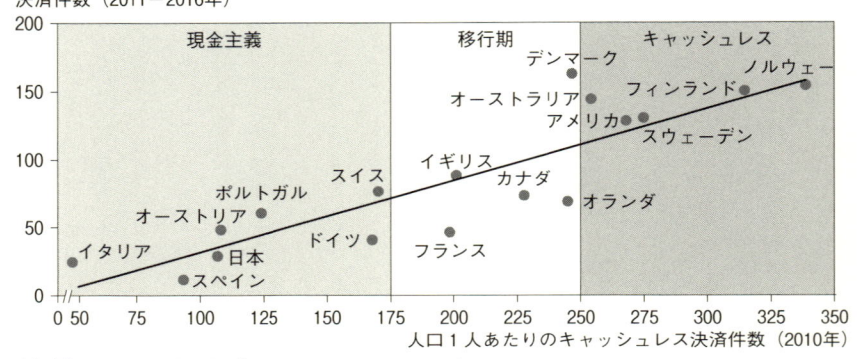

（出所）　BCGレポート「Global Payments 2017」

　政府は、年間１兆6,000億円ともいわれる現金決済の社会コスト（銀行券の製造委託費、貨幣製造費、ATM機器費・設置費、警備会社委託費、現金関連業務人件費など）を懸念し、キャッシュレス比率を25年に40％にまで高める目標を示している。国内でも中国や北米の成功事例に刺激を受けてキャッシュレスへの関心が再燃、最近ではヤフーとソフトバンクが出資する決済サービス会社PayPay（ペイペイ）の「ペイペイ」やネット通販大手・楽天の「楽天ペイ」などのQRコード決済が大きな話題になっている。また、足元で活発なインバウンド消費（訪日外国人観光客による日本国内での消費行動）や20年の東京オリンピック・パラリンピックをにらみ、さまざまな企業でもスマホ決済の導入を検討している。

　とはいえ、日本でスマホ決済がキャッシュレス先進国ほど普及するかというと懐疑的な見方もある。キャッシュレス化の推進ドライバーはほぼ世界共通だが、日本の場合、普及を阻害しうる要因が大きく４つある。

　まず１つ目は、既存のクレジットカードや電子マネーが強いことだ。決済サービスの競争力を決定づけるのは「お得感」と「利便性」だが、この点、QRコード決済は少し分が悪い。お得感ではポイント還元率の高いクレジッ

トカードに劣後する。クレジットカードの事業者は海外に比べて割高といわれる加盟店手数料を原資にして利用者に還元できるが、QRコード決済では加盟店手数料を抑える傾向にあり、同水準のお得感を出すのはむずかしい。決済時の利便性ではFeliCa（ソニーが開発した非接触型ICカードの技術方式、フェリカ）をベースとした電子マネーに劣る。フェリカベースの電子マネーは混雑する駅の自動改札機にも対応できる規格で、ワンタッチ決済が可能だ。他方、QRコード決済では、アプリの起動やQRコードの読取りが必要になる。つまり「遅い」「手間がかかる」というネックがある。中国においては、こうした電子マネーやクレジットカードの決済自体の浸透が限定的であったため、QRコード決済が「現金よりは便利」ということで、都市部を皮切りに一気に普及したが、電子マネーやクレジットカードが相応に普及した日本の都市部でQRコード決済が一気に普及するのはむずかしいかもしれない。

2つ目は、現金決済のインフラが強いことだ。スマホ決済の最大のライバルはクレジットカードや電子マネーではなく、実は現金決済だといわれる。この点、日本にはきわめて利便性の高い現金インフラがある。総務省の調べによると15年時点の人口1,000人あたりのATM設置台数は0.86台。同時期の中国は0.6台と、日本の70％ほどだ。また、国土面積あたりのATM設置台数でみると日本は0.29台／km²、中国は0.09台／km²となっており、その差はさらに広がる。しかも日本の場合、相当数のATMが24時間利用可能で防犯性も高いコンビニに置かれている。いってみれば、ATMの利便性の高さが、スマホ決済の普及を遠ざける要因の1つになっている。

高コスト体質からの脱却を目指す銀行業界では、3大メガバンクなどがATMの設置台数を減らす方針を打ち出しているが、キャッシュレス化が社会全体に浸透しないなか、どこまで削減が進むのかは未知数だ。自分たちがATMを削減したところで顧客は他行のATMを利用するだけで、本来自分たちが得るはずだった手数料が流出して終わる。自分たちだけATMを減らすのは得策ではない。そう考えても不思議ではない。

付言すると、日本では現金そのものへの信頼も厚い。中国には偽札や汚い紙幣が多いうえ、治安も悪く、現金決済のインフラは有効に機能しなかった。だからこそスマホ決済の世界に一足飛びできたが、日本にはそこへ飛ぶ動機が弱い。

3つ目は、スマホの普及率が韓国などに比べて低いことだ。決済サービスのインフラというのはほとんどの人が使えるようになってはじめて機能するが、総務省の調べでは18年の個人のスマホ利用率は全国で59.5%にとどまっている。都道府県別にみると東京（68.6%）、埼玉（67.2%）などの都市圏では高い数字が出ているが、多くの地域で6割を割り込み、秋田や鳥取など過半にも達していない県が7県ある。もちろん、フィーチャー・フォン（いわゆるガラケー）にキャッシュレスサービスを提供することも不可能ではないが、QRコード決済などではサーバーベースのサービスが前提になるため、ネット連携が困難なガラケーには高いハードルとなる。

4つ目は、サービスを提供する事業者にとって、本人確認が一種のペインポイント（悩みどころ）になっていることだ。日本ではマネー・ローンダリング（違法な資金源を秘匿する目的で犯罪収益を処理・洗浄すること）を防ぐため、スマホで送金サービスを提供する資金移動業者（100万円以下の為替取引を営む銀行以外の事業者）に対し、厳格な本人確認を求めている。即時性を肝とするスマホ向けサービスでは「利用者が利用したいときにその場でサービスに加入できないと脱落率が急激に高まる」という傾向がある。そこで資金移動業者ではなく、本人確認の手間を省力化できる前払式支払手段発行者として免許を取得するプレーヤーも出てきている。しかし、前払式支払手段発行者にはできることが限られているため、スマホ決済の普及のけん引役にはなりにくい。現在ではオンラインで本人確認ができる「e-KYC」なども出てきているが、本人確認の負担をより軽減する土壌づくり（規制の緩和や弾力的な規制運用など）を進めなければ、爆発的な普及はむずかしい。

どのような将来シナリオが浮上してくるのか

　まとめると、グローバルでスマホ決済を普及させた要因は、「サービスの導入費用やインフラ関連費用の最小化」「顧客接点を獲得する有効手段としての価値が増大したこと」「サービスがもたらすデータの価値増大」という３つのポイントであり、他方、日本で普及のネックになりうる要因は大きく、「強いクレジットカードや電子マネー」「強い現金決済のインフラ」「低いスマホ普及率」「本人確認の負担の重さ」の４点である。

　これらをふまえて今後を展望すると、２つの将来シナリオが浮かび上がってくる。図表１-４は「クレジットカードや電子マネーとの競争」「現金決済のインフラとの競争」「スマホの普及率」「本人確認の負担」という、日本でのキャッシュレスの普及を阻む４つのポイントを軸にこのシナリオをまとめたものだ。

　左のシナリオ①は進展シナリオと呼べるもので、いま中国で進んでいる

図表１-４　キャッシュレス進展のシナリオ

		シナリオ① スマホベースの新たなキャッシュレスサービスの普及が急速に進展		シナリオ② スマホベースの新たなキャッシュレスサービスの普及が停滞（現状の延長線）
	クレジットカードや電子マネーとの競争	・データ等を原資に既存のカード等に見劣りしないお得感が提供される ・カードや電子マネーを利用しない層あるいは地域を中心に普及が加速	‹›	・カードや電子マネーのお得感や利便性に対し優位性を築けず、普及が停滞
	現金決済のインフラとの競争	・銀行のATM網のリストラが加速	‹›	・銀行のATM網の利便性が維持される
	スマホの普及率	・高齢者や地方も含め、スマホの普及が徐々に進展	‹›	・スマホの普及が停滞
	本人確認の負担	・規制の緩和でe-KYC等の利用が進展	‹›	・規制緩和が進まず、本人確認がサービス普及のボトルネックに

（出所）　BCG

キャッシュレス革命に近い。スマホ決済で得られるデータや将来的な金融サービスの収益などを原資に、クレジットカードや電子マネーに見劣りしないお得感や利便性が事業者から提供され、都市部と地方の双方で市場が拡大していく。スマホの普及やe-KYCの導入も海外並みに進展し、これらが普及の足かせとなることがなくなる。市場の変化をふまえ、ATM網などへの投資が減退し、徐々に現金の利便性が下がり、それがますますキャッシュレスの進展を促す。

右のシナリオ②はそれとは逆の停滞シナリオというべきもので、近未来の世界は現在の延長線上にある。つまり、相対的に高い加盟店手数料を原資としたクレジットカードや電子マネーの優位性は崩れず、都市部でのスマホ決済の停滞感が強まる。従来よりも廉価なキャッシュレス決済導入により利便性のメリットを享受できるはずの地方部でも、都市部で普及の動きが続かないことを背景に、普及が加速しない。キャッシュレスが一過性のブームにとどまるとの見方から、ATM網の大胆な再編も起こらず、利便性の高い現金決済のインフラも維持される。本人確認がサービス普及のボトルネックになる状況も変わらない。

銀行の戦略的オプションにはどんなものがあるのか

はたして5年後10年後の日本に、現在の中国のような世界が訪れているのか。それとも現状の延長線上をじりじりと進んでいるだけなのか。それは誰にもわからないし、そもそもどちらかにベットする（賭ける）種類のものでもない。ここで大切なのはいくつかの重要な論点について「シナリオごとの打ち手」をイメージしておくことだ。キャッシュレス進展の度合いが影響を与える論点として以下の3つが重要だと私たちは考える。いずれも、銀行の経営そのものと大きな関連がある。

店舗やATMはどうあるべきか

この観点から考えると、進展シナリオでは、まず店舗やATMの大胆な軽量化を阻んできた大きな要因の1つがなくなるということになる。キャッ

シュレス化が大きく進展すると支店に現金を持ち込む人が少数となり、店舗の大胆な「現金レス・現物レス」を推進することが顧客満足度に致命的な影響を及ぼす可能性も少なくなる。ATM網の充実度やコンビニにおける引出手数料の多寡が顧客満足度に直結することもなくなるだろう。したがって「キャッシュレス化が進展する」とにらむのであれば、店舗やATMを大胆に見直したうえで、存続店舗を顧客接点確保のための拠点にするべきだ。海外の先進的な銀行にみられるような、金庫もセキュリティーに当たる人もいない、ネットカフェに近い店舗を主力にすることも可能になるかもしれない。自社ATM網の大胆な見直し、提携ATMとの条件の見直し、銀行間のATM共同化等によるインフラコストの大幅削減も絵に描いた餅ではなくなるだろう。

　それとは逆に停滞シナリオでは、引き続き「現金」をハンドリングするサービスに対する銀行への顧客のニーズは大きく変化しないことになる。支店やATMに現金が持ち込まれる状況は続き、いまと同じように一定量の現金が存在することを前提に、店舗やATMの未来像を組み立てなければならない。現金をハンドリングする機能をもたない支店が顧客接点としての機能を果たすことはむずかしいだろう。割り切って顧客満足度の低下もやむなしとしない限りATM網の大胆な再編もかなり困難である。現在の日本のリテール金融のコスト構造改革を実現するうえで必要な、店舗・ATM・人員をはじめとするインフラの見直しを完遂するまでの道のりは険しいものになると予想される。

預金口座や為替取引など、本源的な決済サービスにどうかかわるべきか

　進展シナリオでは、異業種のプラットフォーマーが、優れたデジタルサービスの開発能力や顧客接点を武器に、対面決済市場のかなりの部分を占有している可能性が高い。海外で実際に進展しつつあるような、銀行口座と銀行間ネットワークが空洞化し、スマホ上の決済アプリで実質的な決済取引が行われるような、銀行インフラの"土管化"が進展することも考えられる。実際、中国ではアリペイやウィーチャットペイが急速に普及することで、これ

まで現実感のないホラーシナリオとして語られてきた銀行土管化が実際のシナリオとなりつつある。つまり、口座の資金がアリペイやウィーチャットペイ上の「口座」に吸い上げられ、日常決済や顧客同士のやりとりの多くがそのプラットフォームの上で行われている。少なくともリテール決済においては、銀行が決済の帳尻を調整するだけの存在になりつつあるのだ。決済における顧客接点を奪われることで、既存の銀行はローンや投資商品といった収益性の高い金融商品の領域にもこれらのプレーヤーの大規模な進出を許すことになった。

　邦銀がこうしたシナリオを現実のものと考え、これらプレーヤーに本格的に対抗することを目指す場合、自ら主導するかたちで競争力のあるスマホベースの決済サービスを立ち上げたり、競合の異業種決済プレーヤーに対する口座連携を見直したりする必要がある。銀行口座というインフラを握っているのが、現時点での銀行の強みであり、競争上のアセットである以上、規制が許す範囲内で、異業種への銀行口座開放には慎重であるべきだ。他方、停滞シナリオでは、こうした異業種プレーヤーが銀行の本業を脅かすようなかたちで対応する可能性は限定的であると考えられる。その場合、異業種の決済プレーヤーと共存共栄を目指しつつ、インフラを提供することで銀行としての収益源を多様化することが考えられる。APIを経由した銀行口座との接続についても積極的に認めたり、こうしたプレーヤーがもつ顧客接点を金融商品の「販路」の1つとして活用したりすることも考えられるだろう。

全国銀行データ通信システム（全銀システム）や

自行の勘定系システムなどの既存インフラをどう考えるのか

　進展シナリオでは、小口の金融サービスを担う社会インフラの主役が交代することが予想される。リテールの為替取引や預金口座取引がスマホをベースにしたより軽量のシステムに流出することが現実化すれば、基幹系や全銀システムに長期的に求められる性能・機能要件は大きく変化していくだろう。携帯番号送金のような新たな機能を、インフラシステムに組み込むようなかたちで開発することも不要となり、各行の基幹系や全銀システムは必要

最低限の機能をローコストで提供したり、各種のサービスと柔軟に連携したりすることが可能となるような拡張性・柔軟性が重要になるだろう。停滞シナリオでは「リテール決済の基幹システムに対するニーズや需要は今後も大きく変わらない」との見立てのもと、システムの機能追加や増大する取引に対する性能強化への着実な対応を行うことが前提となる。

The future is not given（未来は自分でつくる）

　今回は一種の思考実験として、本邦におけるありうる将来シナリオを2つ示したが、先述のとおり、本邦のリテール決済が現時点でどちらの方向に向かうのかはみえていない。海外においてはリテール決済を皮切りにしたプラットフォーマーの金融サービスへの参入が本格化しつつあり、こうした流れが本邦にも着実に押し寄せつつある。一方、マイナス金利が常態化するなかで、本邦におけるリテール金融の収益率は構造的に厳しい状況にあり、新興プレーヤーの投資が海外と比べて限定的となることで、結局は大きな変化は起こらないという可能性もある。

　いずれにしろ、未来のシナリオは、外部環境によってGiven（与えられるもの）ではなく、銀行が自らつくるものだ。現時点で銀行口座という唯一無二の資金決済インフラを握り、各種の金融サービスの提供を独占できるだけの消費者からの信頼や安心感を強みとする銀行は、銀行業の未来を自らの手で主体的に設計できる立場にある。本邦のリテール金融が構造的な収益性の課題に直面するなかで、銀行としてシナリオ①が望ましいと思うのであれば、自らその世界をつくりにいくことで自らに有利なシナリオの実現を図ることも一定程度可能だ。銀行同士が非競争領域を定義したうえで共同で新たな決済サービスの創出に取り組む、あるいは、非金融プレーヤーとのアライアンス等を通じて消費者の行動を変えるような破壊的なサービスの提供に取り組むといったオプションも検討されて然るべきだろう。また、一方でシナリオを想定しつつも、自らはデジタルプレーヤーに対する黒子に徹し、口座をはじめとしたインフラのレイヤーで戦うというオプションも考えられるか

もしれない。

　リテール決済はデジタル革命の影響を最も強く受けている領域である。この領域において、どのような未来を描き、その実現に向けて、どのようなサービスレイヤーで、誰と組んで、どのような戦い方をするのかは、銀行業における顧客との関係性やインフラのあり方に大きな影響を及ぼすきわめて重要な論点である。

2章

個人向け貸出の未来

序章

6章 チャネルの未来

1章	2章	3章	4章	5章
決済の未来	個人向け貸出の未来	個人向け運用の未来	中小企業金融の未来	大企業金融の未来

7章 IT／オペレーション／事務の未来

8章 リスク管理の未来

9章 人材・人事の未来

10章 働き方の未来

個人向け貸出ビジネスが行き詰まりをみせている。代表的な商品である住宅ローンやカードローンで貸出件数が頭打ちとなり、利益率も低下、縮小均衡が始まっている。一方で、成長モデルをさぐるヒントが欧米を中心に現れつつある。この章では、欧米で近年表面化する個人向け貸出における4つの変革——「購買行動の上流に踏み込んだマーケティング」「データやAIを活用したスコアリング・審査」「ペーパーレス・自動化」「貸出におけるリスクのあり方の変換」——をヒントに、銀行が今後取り組むべきポイントを整理する。

曲がり角を迎えた従来型のビジネスモデル

銀行が力を入れてきた領域の1つに、個人向け貸出がある。

この領域が最初に注目されたのは、日本経済が高度成長期から安定成長期に移行した1970年代半ばだ。企業の資金需要が一服し、銀行は新たな収益機会として個人向け貸出に可能性を見出すようになった。80年代には金融の自由化・国際化の進展により、企業の資金調達手段が多様になり、企業が銀行借入れに過度に依存しなくなった。それを背景に銀行は個人向け貸出をますます推進するようになっていった。富裕層以外のボリューム層もターゲットにできる個人向け貸出は、リテールビジネスのなかでも高い収益を見込める領域と考えられてきた。

しかしいま、そのビジネスが行き詰まりをみせている。

象徴的なのが、個人向け貸出の大部分を占める住宅ローンだ。住宅ローン市場は新設住宅着工戸数の伸びとともに拡大し、バブル期には変動型の金利が年8％を超えるなど、銀行にとってはドル箱といえる存在だった。平成不況や人口減少を背景に2001年頃をピークに縮小に転じ、利幅も薄くなったものの、「各種取引を自行にまとめてもらいやすい」「貸倒れリスクが低い」「長期にわたって金利収入を得られる」といった利点から安定的な収益源であり続けた。

しかし近年、利幅の薄さをボリュームで補う動きが活発になり、地方銀行

などが低金利をアピールしながら隣県に"越境営業"するようになった。その結果、銀行の間で金利の引下げ競争が熾烈になり、足元ではメガバンクが地方の一部で新規貸出を停止する動きも表面化している。

　住宅ローンにかわって個人向け貸出の領域で存在感を高めたのは、高い金利収入を得られるアパートローンと銀行カードローンだ。

　アパートローンはアパートやマンションなど賃貸住宅の建設・取得費をまかなうための担保ローンだ。15年の税制改正を受けて市場が過熱化し、ローン残高は16年に22兆円を突破した。しかし地方都市などで空室が増え始めたところに不適切融資問題などが絡み、多くの銀行は慎重な姿勢に転じ、アパートローンの推進を控えるようになった。

　小口ながら高い金利収入を得られるのは、銀行カードローンだ。銀行カードローンは資金使途を問わない無担保ローンで、与信枠を一度得ると利用限度内で何度でも借入れができる仕組みになっている。

　カードローンの領域はもともと消費者金融やクレジット会社などのノンバンク（預金を受け入れずに貸出を行う貸金業者）が占有していたが、多重債務者が深刻な社会問題になったことを受け、貸金業法が段階的に改正され、10年6月に完全施行された。ノンバンクは金利の引下げに加え、過払い金返還請求の費用がかさみ、深刻な経営難に陥ったが、メガバンクはノンバンクをグループの傘下に収め、「総量規制対象外の銀行が貸し、グループのノンバンクが保証を行う」という役割分担で残高を急拡大させた。

　銀行カードローンは広告も奏功し、メガバンクなどの業績を支えたが、貸金業者化した銀行には批判が寄せられ、状況を憂慮した全国銀行協会では17年3月に審査の厳格化や広告の抑制を申し合わせ、金融庁では18年8月に実態調査の結果を公表するとともにモニタリングを強化する考えを示した。そうした動きを反映し、銀行カードローンの残高は18年末に前年末比0.8％減の5兆6,995億円と、8年ぶりの減少を記録した。

欧米では「4つの変革」が進行中

　従来型の個人向け貸出のビジネスモデルが曲がり角を迎え、縮小均衡が始まっている以上、銀行はこの領域での新たな成長モデルを描き直さなければならない。ヒントは欧米にある。実は欧米では近年、さまざまな変革が相互に絡み合うかたちで表面化している（図表2－1）。

　順に説明しよう。

購買行動の上流に踏み込んだマーケティング・UX（顧客体験）の変革

　まず1つ目は、マーケティング・UX（顧客体験）の変革だ。一般に顧客の購買行動には「何かしたいと思い立つ→ほしいものや必要なものが思い浮かぶ→いくつかの候補を比較・検討する→実際に購入するものを決める→支払の手段を選択する」といった、川の流れのようなプロセスがある。住宅ローンでいうと「こんな暮らしをしたい」「こんな街に住みたい」「こんな家

図表2－1　個人向け融資において起こりつつある変革ポイントの一覧

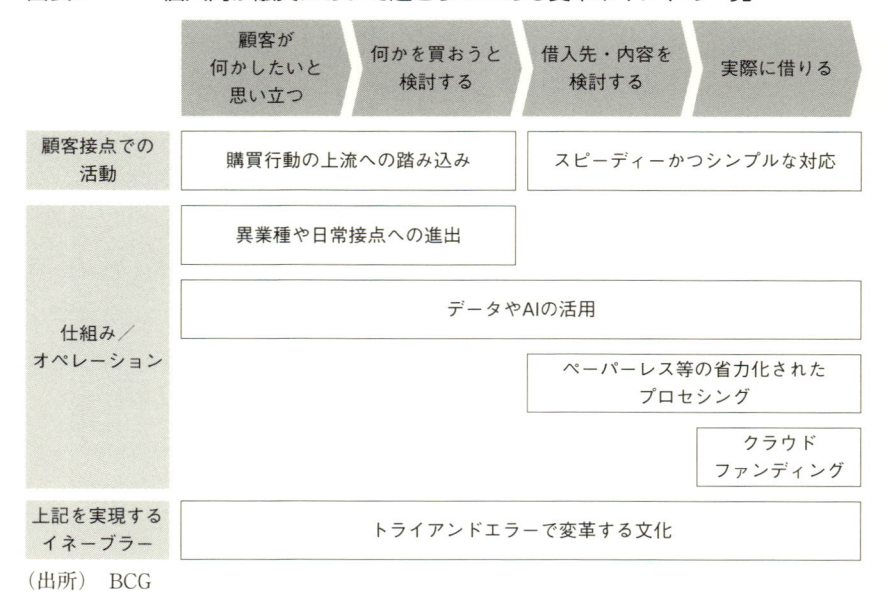

（出所）　BCG

に住みたい」というニーズが購買プロセスの最上流で発生し、立地やタイプや価格などの比較が行われ、買う物件が決まる。そしてプロセスの下流に近いところで「では、どの銀行から何％の金利で借りようか」という借入先の検討が行われる。そのプロセスをたどる限り、顧客は金利という判断軸しかもちえないし、銀行も受け身の姿勢で顧客の訪問を待つほかない。そのときの住宅ローンは差別化できないコモディティでしかないからだ。

　その点、ポーランドのエムバンクやアジア太平洋地域の先進デジタルバンク等では、異業種と連携をしたり顧客のデータを活用したりしながら購買プロセスの上流に踏み込み、「よりよい体験」を提供している。

　たとえば、海外では住宅展示場や街角の売り物件などでその物件をみた顧客に、住宅の購入可否やローンの条件が即座にデジタルツールで示されるサービスが出てきている。「本当は4,000万円の住宅Ａがほしいが、自分の年収では3,000万円の住宅Ｂしか買えないだろう」などと漠然とイメージしている顧客に対し、「お客様の場合、このローンを活用すれば、月々いくらでワンランク上の住宅Ａを購入できます」などと即時にデジタルツールが提案する。場合によっては住宅ローンの先にある「快適な住環境」や「豊かなライフスタイル」という着眼点から顧客自身が気づいていないニーズを掘り起こし、最適な提案につなげる。

　従来の購買プロセスであればこの顧客は住宅Ｂを買っているはずで、銀行はその顧客が金利面で自行のローンを選択してくれるのを待つだけである。しかし、そうした先進事例にみられる購買プロセスをたどれば、顧客は「よりよい買い物」に満足し、満足感を提供してくれた銀行との関係性を深めようとする。銀行は顧客に「よりよい体験」を提供することで良好な関係を築けるうえ、借入額をひと回り大きくすることもできる。これは「お金をより多く使うことで豊かな生活を手に入れよう」という前向きな提案だが、膨大な顧客データに基づいているため、借入額は無理のない範囲に収まる。もちろんこれは住宅に限った話ではなく、自動車の購入などにも当てはまる。

　家計簿アプリを使って、日常的に貸出機会を創出するという先進事例もあ

る。噛み砕いていえば、アプリ上で「来月は大きな金額の引落しが予定されているので、口座の残金はこのくらいになります」「お客様は毎年、年末年始になると家族旅行をし、このくらいのお金を使っています」といった資金の動きを知らせるとともに、「お客様の場合、15万円ならいますぐに借りられます。返済期間を1年とすると月々の支払はこのくらいです」といった少額・短期借入れの提案をその時々で行うという事例だ。これは顧客の日常生活に密着し、それを支援するというビジネスモデルだ。

　どちらの事例も、銀行の姿勢が「守り」ではなく「攻め」になっている（下流ではなく、上流にポジショニングし、そこで顧客に接している）、顧客への提供価値が「お金を貸す」ではなく「よりより買い物や生活を支援する」になっている、という共通項がある。そのイネーブラー（それを可能にするもの）としては、より上流への導線をもつデジタル系企業との柔軟な連携、ビッグデータを活用した即時的な審査などがあげられる。

データやAIを活用したスコアリング・審査

　2つ目は、前項とも深く関連しているが、審査手法の変革だ。個人向け貸出の領域では年収や勤務先の規模、ローンの支払状況といった信用情報に基づいて貸出可否を判断するのが通例だが、その考え方では本来なら融資を実行できる人に貸せない場合がある。たとえば、専門分野に強みをもつ少数精鋭のプロフェッショナルファームに勤務する人やフリーランスの立場で事業を営む人にはゴーサインを出しづらい。そこをビッグデータやAIを活用することで解消したのが欧米の先進行で、実際に「SNS上からうかがえる活動や趣味・嗜好などの情報をスコア化し、貸出可能額を弾き出す」「ジョブホッパー（転職を繰り返す人）でも、職務経歴から優秀な人材と判断すれば多額の融資を実行する」「ビッグデータ上でスコアが高く、資金ニーズのありそうな層には積極的に提案する」といった新しい切り口の与信が行われている。これは、広範な顧客データに基づいて多面的に貸出可否を判断する手法で、当然、データの量と質がイネーブラーになる。

ペーパーレス・自動化による即時・省力でのプロセシング

　3つ目は業務プロセスの変革だ。従来、住宅ローンなどの業務では「紙」と「人の手」を前提にしていた。つまり、顧客からの申込みを紙ベースで受けた後、各担当者が審査や貸出などの業務を、やはり紙ベースで進めていた。いうまでもなく、この進め方では時間（業務量）とコスト（人件費など）がかかる。その点、欧米の先進行では、業務の電子化・AI化・即時化によってそれを解消する考え方が一般的になってきている。

　たとえば、よく知られる取組みの1つに、AIスコアレンディング（AIによる審査を活用した貸出サービス）がある。AIスコアレンディングではAIが顧客のさまざまなデータから法則やルールを見つけて貸出の判断に必要な信用度を算出し、ベテラン行員と同じような審査結果を出す。ある欧米行が自行の住宅ローンにAIを導入したところ、審査の約90％を即時に完了させることができ、審査精度は人による審査とほぼ変わらなかったという。

　AIスコアレンディングを導入すると多くの果実を得られる。まず、コストを大幅に削減できるため、低スプレッドの環境下でも利鞘を確保できる可能性がある。従来型の審査をより高精度に自動化できれば、貸倒れのリスクも減る。また、これまでは顧客の申込みを受けてから貸出可否が判明するまでに相応の時間を要したが、AIスコアレンディングは即時性が高く、顧客の待ち時間がきわめて短い。この「待たなくてよい」という顧客体験はデジタル時代には重要なセールスポイントになる。

貸出におけるリスクのあり方の変換

　上の3つとは毛色が少し異なるが、4つ目に「資金調達と貸出リスクのありよう」が変容したことがあげられる。背景にあるのはクラウドファンディング（CF）の普及だ。CFとは将来的・社会的に意義のあるプロジェクトやユニークなアイデアをもつ起案者（企業や個人、自治体など）がネット上で広く小口資金を集める資金調達手法のことで、投資家に経済的なリスク・リターンをもたらす「投資型」、プロジェクトやアイデアの実現を応援する「寄付型」、資金提供の見返りに投資家が商品などを受け取る「購入型」の3

形態に大別される。

　CFが最初に広まったのは2000年代の欧米だが、日本でも15年に施行された改正金融商品取引法によって、利回りが10％程度になることもある投資型CFが事実上解禁されるなど、注目を集め始めている。現在は、起案者が銀行融資を断られたことをきっかけにCFを利用するケースや、銀行が町おこしや震災復興の一環でCFサイトを運営する事業者と提携し、企業のCF利用をサポートするケースが散見される。

　少し雑駁な言い方をすれば、これまで個人向け貸出の世界には「お金を貸す銀行・保証会社」と「お金を借りる人」しか存在しなかった。両者は貸し借りの関係で結ばれ、銀行は貸出リスクを負っていた。しかしCFの普及によって、銀行が貸出リスクを負わないまま別のところで貸し借りの関係が発生するなど、従来とは異なるパターンが出てきている。CFが将来的に資金調達の主流になるとは現時点では想定できないが、ビジネスの潮目はいつ変わってもおかしくない。金融や貸出のハードルが低くなり、デジタルネイティブと呼ばれる若者世代が銀行を単なる金庫のようにとらえているいま、資金調達や貸出リスクのあり方・向き合い方を考え直すことは重要なテーマの1つといえる。

銀行が目指すべき方向性は？　提供すべき「価値」は？

　銀行はこの先、そうした変革期に移行・対応しながら、異業種企業の新規参入にも注意を払わなければならない。

　いまはビッグデータベースでの審査エンジン、顧客データ、顧客接点を握っていれば貸出ビジネスを展開できる時代で、1章で触れたようなキャッシュレスサービスのインフラをもつプレーヤーがにわかに存在感を高めている。技術力のあるフィンテックベンチャーも増えてきているが、この領域では企業規模が必須になるため、銀行にとって最も驚異的な存在になるのはアリババ、Amazon、アップルなどの巨大デジタル企業と考えられる。彼らは利用者一人ひとりの行動や趣味・嗜好を押さえているため、本格的に参入し

てきたら、購買プロセスのより上流で既存の銀行の顧客をつかむ可能性が高い。

そうした厳しい環境下で収益を確保するにはどうすればいいのか。以下、上述の4つの変革をヒントに銀行が今後取り組むべきポイントを整理したい。

いくぶん重複するが、ポイントは次の4つである。

既存事業の省力化・筋肉質化

まず1つ目は、金利競争下で一定の収益を確保するため、紙ベース・マンパワーベースで行っていた業務を電子化・AI化・即時化し、コスト削減による筋肉質化を進めることだ。業務というのは基本的に紙や人がプロセス内に介在すればするほど非効率になる。そこで参考にしたいのは、先ほどのAIスコアレンディングのような取組みだ。貸出業務では借り手の状況を見極めたうえで潜在的なニーズや課題を把握する "目利き力" が必要とされるが、それはどちらかといえば法人向け貸出に求められる力だ。個人向け貸出の領域は顧客数が多いうえ、審査や管理にコストを要することもあり、電子化やAI化との親和性は高いと考えられる。もちろんこの領域で省人化・省力化を進め、余剰人員を人間の目利き力を必要とする法人貸出の業務に回すことなども可能だ。

「よりよい暮らしのコンシェルジェ」

2つ目は、顧客にとっての「お金だけのコンシェルジェ」ではなく生活全般にかかわる相談ができる存在、「よりよい暮らしのコンシェルジェ」になることだ。これは、先述の住宅ローンや家計簿アプリの事例のように、日々の資金の流れを把握したうえで「よりよいものを買って楽しむ」「より充実・安心の体験をする」ためにお金をどう借りる／増やすかを、生活行動や購買行動起点で提案するコミュニケーションを行うことを指す。運用含め個人向けサービス全体として目指す方向性であるといえよう。

顧客接点・プラットフォーマーとの提携により、送客を受けるビジネスへ

3つ目は、2つ目にもつながるが、顧客が住宅や自動車など高額なものに

関心を寄せている際に購買プロセスの上流で的確な提案ができる仕組みを構築することだ。上述の2つは自行のなかで取り組むことだが、これは上流にいる異業種企業との連携・協業を意味する。たとえば、住宅メーカーやカーディーラーと手を組み、高額の買い物を検討している顧客にカスタムメイドの提案をしたり彼らの顧客接点（サイトや展示場）から銀行に送客をしてもらう仕組みを構築したりすることだ。銀行は自前主義にこだわるきらいがあるが、今日の多様化・高度化する顧客ニーズに対応するために異業種と連携するのは悪い選択肢ではない。大切なのはあくまで、顧客に価値を感じてもらえる商品やサービスを提供できるかどうかだ。

新たなプレーヤーの裏側でノウハウを補完

最後の4つ目はモバイルウォレットなど新たなキャッシュレスサービスを提供しようとするプラットフォーマーの裏側を担うことだ。彼らプラットフォーマーは膨大なデータをもち、ユーザーインターフェース（利用者にとっての操作性やデザインのよさ、UI）の質も高い。しかし実際にキャッシュレスサービスを走らせる場合、その裏側にお金を貸すための事務・オペレーションなどを構築しなければならない。従来型の属性を使う与信のノウハウも乏しい。彼らの裏側に入り、レベニューシェア（提携パートナーとしてリスクを共有しつつ、協業で生み出した利益をあらかじめ決めておいた配分比率で分け合うこと）ができるのは銀行だけと考えられる。

以上の4つのポイント、特に後ろの3つに共通するのは「なんらかの手段で購買プロセスの上流に入り込むこと」だ。もちろん、ただ単に上流に入って商品やサービスを押しつければいいということではない。そこで顧客に最適な提案をするには「よりよいお金の使い方によって顧客の人生そのものを豊かにする」という考え方に立脚しなければならない。またその前提として、従来型の金融業から脱却し、デジタル時代の新しいサービス業として生まれ変わらなければならない。

その際には、自分たちのビジネスの範囲を狭く規定しないことが重要だ。元ハーバード・ビジネス・スクール名誉教授のセオドア・レビットは1960

年、ハーバード・ビジネス・レビュー誌のなかで近視眼的マーケティングという概念を紹介しながら、企業が自らの事業を狭く規定する愚を説いた。「People don't want quarter-inch drills. They want quarter-inch holes」（人々がほしいものは4分の1インチのドリルではなく、4分の1インチの穴である）などの言葉で知られるレビットは、北米の鉄道会社が衰退したのは自分たちのビジネスを顧客視点の「輸送業」ではなく、自社視点の「鉄道業」と規定したからだと喝破した。はるか後年のGoogleが「ネット検索業」ではなく、「世界中の情報を整理し、世界中の人々がアクセスできて使えるようにすること」を掲げて飛躍的に成長したことなどを考えれば、レビットの言葉には普遍的な価値があるといえる。

BCGでは、顧客視点で商品やサービスを提供しようとする企業に対し、カスタマージャーニー（商品やサービスを認知してから購買するまでの行動や思考）を可視化・マップ化して顧客ニーズをさぐることを提案することが多いが、その際には「End to End」（端から端まで）の視野が重要と付言する。たとえば顧客が自動車を買おうとするときに「どの自動車がその人やその家庭にあっているのかを考えるのは自動車屋の仕事だ」などと考えたら、顧客ニーズを充足できる金融サービスを生むことはできない。むしろ、自分たちとは一見関係がなくても、顧客のペインポイントには積極的に入り込み、考え尽くし、顧客にとって適切な商品やサービスを適切なタイミングで提供していくことが大切だ。

トライアンドエラーで先進的・挑戦的な取組みを

付け加えるともう1つ銀行が取り組むべきテーマがある。それは先進的・挑戦的な取組みを進められる土壌を行内につくることだ。

日本の銀行のような大企業には「新しいことは不安」「ミスをしたら責任をとらなければならない」という意識が強い。たとえば貸出をAI化すればコストを最小化でき、「少しくらいエラーや不採算な取引が発生しても、トータルでプラスになれば」と前向きに考えるべきだが、大企業ではまず

「AIに切り替えたことによって事故が起こったら誰が責任をとるのか」との議論になる。トライアンドエラーで先進的・挑戦的な取組みを前進させ、大きな結果を出すという企業文化がないともいえる。

このような状況に対し、経営トップやミドル層の意識改革とあわせ、よりデジタル時代にあった動き方のできるような若年層、外部パートナー、異業種出身の中途採用組の活用も積極的に行うべきだろう。9章でも触れるが、いまの銀行にはエラーを許容する文化やデジタル時代に対応した人事・評価体系が必要と思われる。

もちろん、銀行は何もしていないなどというつもりはない。むしろ、足元ではさまざまな動きが表面化しつつある。しかし全般的に、銀行の腰は重く、サービスの幅も深度も物足りない。GAFAをはじめとするデジタル系のプレーヤーが本気で取組みを始めたら市場そのものが一変する可能性もある。その時に生じる波をとらえられるポジショニングをしておかないと、限られたパイをとり合うだけで、いつしか存在感も収益も失ってしまう。

銀行がいま目の前にしているのは、過去に経験した金融危機や経営危機とはまったく異なる難局だ。マイクロソフトを創業したビル・ゲイツは1994年に「銀行機能は必要だが、いまのかたちの銀行はなくなる」と語ったとされる。JPモルガン・チェースを世界最大の投資銀行にしたジェームズ・ダイモンCEO（最高経営責任者）は2015年、株主に向けた書簡で「シリコンバレーがやってくる」と記し、新しい金融サービスを生み出そうとしているIT企業・デジタル企業に強い警戒感を示した。競合相手が同じ銀行だけではなくなったいま、「お金以外の何を提供できるのか」が問われている。その答えがわかりやすいかたちで表れるのが、この個人向け貸出の領域でもある。

3章

個人向け運用の未来

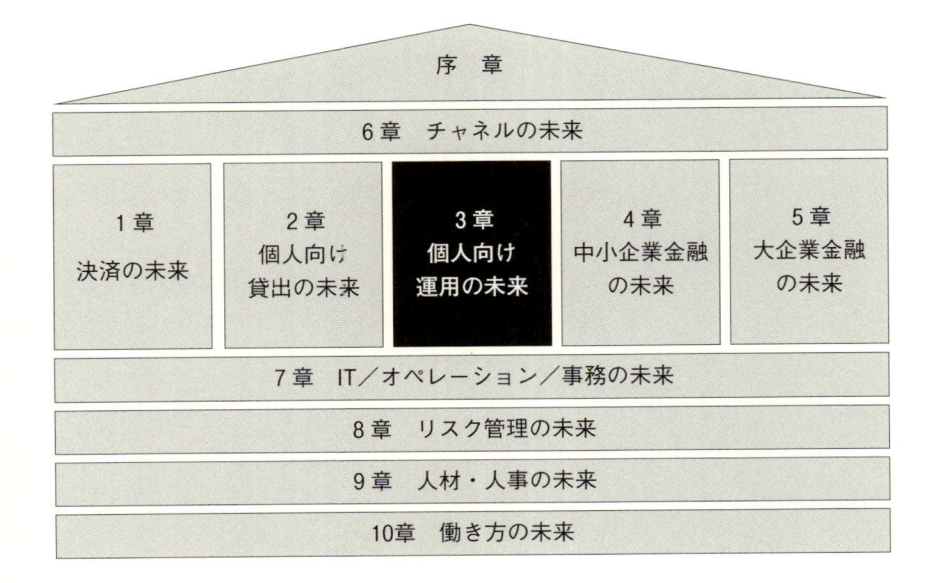

「貯蓄から投資へ」を目指して官民問わず多くの施策が打たれたが、山はいまだ動いていない。非連続な変化の触媒となると期待されているのが、デジタルを活用したこれまでとは異なる発想の顧客接点や商品・サービスの登場である。非対面サービス、スマホ経由のサービスの進化や、データを活用したAIによる技術革新など、新たな付加価値の拡大がさまざまな分野で起きる可能性が高い。この流れにより、単なる米国のフォローではなく、まったく新しい個人向け運用の世界が日本に出現するのではないか。この章では、その未来を4つのシナリオに沿って考えてみたい。

これまでの個人向け運用

　「護送船団方式」からの脱却を目指すフリー・フェア・グローバルを原則とした金融制度改革、日本版金融ビッグバンがスタートし、そのなかで「貯蓄から投資へ」という道筋が示されたのは、1996年のことである。

　日本の個人金融資産のうち現預金の割合は5割を超え、投資の先進国とされる米国（現預金の割合は1割強）と比べきわめて高水準にある。高度成長期には経済発展を支える間接金融への資金供与として預貯金が重視されてきた経緯があるが、結果、積み上がった預貯金は資本市場に対する投資へシフトする余地があるといわれてきた。それを後押しするため、金融業界自体の規制緩和だけではなく、個人向けのNISAやiDeCoなど税制上の優遇措置が受けられる商品も登場した。

　20年以上たったいま、状況に変化はあったであろうか。金利の状況にも依存しているとはいえ、ほとんど変わっていない、というのが実際のところなのではないか。

　さまざまな施策を打っているにもかかわらず変化がないということは、そもそも日本人のリスク資産への投資意向が米国と大きく異なることに、何か根本的な要因があると考えるのが自然だ。さらに、日本ではリスク資産を保有しているのは、同じく米国などと対照的に高齢者層が中心だ。いわゆるファイナンシャルプラン上の「定石」では若年層が将来に備えるためにハイ

リスク・ハイリターンで運用すべし、ということがいわれ、たとえば「100－年齢」％を全資産に占めるリスク資産比率の目安に、などともいわれたりするにもかかわらず、実態はまったく異なる。

　保有資産規模の偏りやフローとしての収入、その将来見通しによる影響や、そもそも各年代の消費者に特有の潮流という要素もあろうが、その最も大きな要因は、日本ではいまだに資本市場、特に株式市場は、一般的なリテール顧客の間で「わからない」「こわい」ものととらえられているということではないだろうか。

　筆者はこれまで金融に関するリテール顧客インタビューやアンケート調査などを数多く行ってきたが、その経験によれば、日本人は「わからない」ことに対しての恐怖心が大きい。そのため、ダウンサイドリスクに目を向けることが多くなり、結果としてリスクを避けがちである。また言葉を選ばずにいうとわからないことに関しては、「専門家にだまされるのではないか」という懐疑心が心の底にあるのではないかとも思う。

　そうであるならば、投資教育をすればいいのではないか、という声もよく聞く。実際、投資に関するさまざまな書籍が出版され、金融機関が数多くのセミナーを開き、ネット上には投資に関する情報があふれている。にもかかわらず一向に個人消費者の投資リテラシーは上がっていない。八方ふさがりといってよい状況だ。

　こうした状況に風穴を開け、非連続な変化の触媒となると期待されているのが、デジタルを活用したこれまでとは異なる発想の顧客接点や商品・サービスである。この章では、テクノロジーが個人向け運用にどのような未来をもたらしうるのか、4つのシナリオに沿って考えてみたい。

個人向け運用の未来を決めるドライバー

　個人向けの運用ビジネスの未来を考えた場合、ビジネスモデルのかたちを決めるドライバーは大くくりにいって2つある。

　1つは「接点」、つまり、顧客がどんなルート／かたちでアドバイスや商

品提案を受け意思決定を行うかであり、もう1つは「アドバイス」、最終的な投資判断をする際にどういった内容のアドバイスをもらうのかということである。

先に述べたように、個人顧客はそもそも運用が「わからない」ことが多い。わからないがゆえに、誰から、またどのようなアドバイスをもらうのかが重要になる。現状の投資商品の代表的な販売モデルである外務員の営業形態やネット完結モデルなどは、非連続な変化を起こす「付加価値」を顧客に提供できておらず、それが貯蓄から投資への流れが加速しない要因の1つともなっているのではないか。

図表3－1は、今後の個人向け資産運用ビジネスに関して、「接点」と「アドバイス」それぞれの進化度合いを軸に、4つのシナリオを想定したものだ。これをベースに以下考察する。

まず、縦軸の「接点」だが、ここでのポイントは対面と非対面それぞれを重要視する度合いのバランスである。対面と非対面、という接点の2つのタイプは、どちらか一方しか成り立たない二律背反的な関係ではないが、どちらが中心になるかということは1つの軸になりうる。これに、さらに接触の頻度やタイミングなどの要素が加わる。単にバランスが変わるということではなく、個々の接点の内容・質の変化がドライバーになる。

次に、横軸は「アドバイス」、つまり投資判断の拠り所として、データをベースにAIなどが弾き出した客観的なアドバイス・判断材料がほしいのか、（デジタルのサポートはされているものの）人（専門家も含む）の主観を交えたアドバイスがほしいのか、という点である。上述の縦軸・横軸のバランスにより、4つのシナリオが考えられる。

① "リレーション消滅" シナリオ
　（接点＝非対面中心／アドバイス＝デジタル中心）
② "デジタル接点" シナリオ
　（接点＝非対面中心／アドバイス＝人中心）

図表 3 － 1　個人向け資産運用サービスを考える視点：4 つのシナリオ

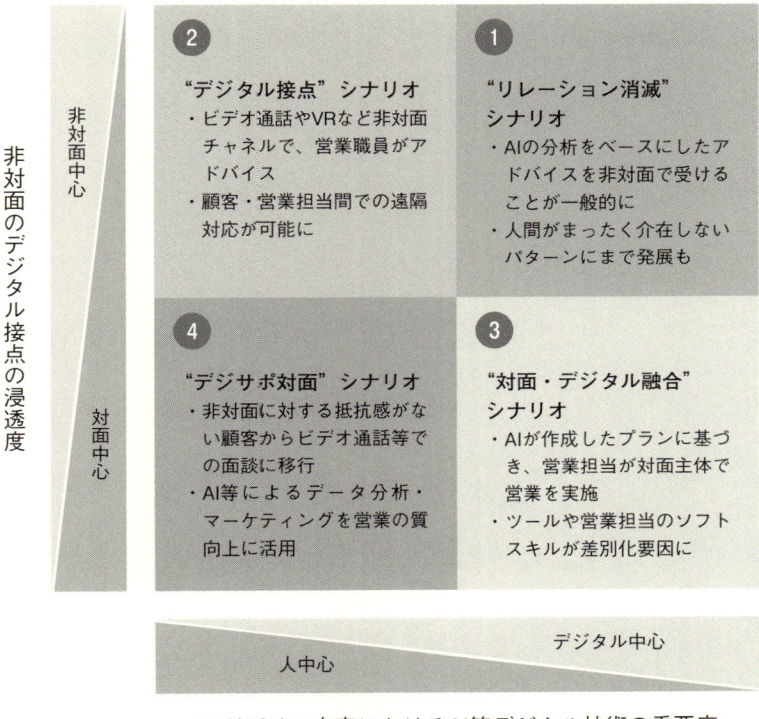

（出所）　BCG

③　"対面・デジタル融合" シナリオ

　（接点＝対面中心／アドバイス＝デジタル中心）

④　"デジサポ（デジタルサポート）対面" シナリオ

　（接点＝対面中心／アドバイス＝人中心）

以下、それぞれのイメージを考察していきたい。

① "リレーション消滅" シナリオ

運用商品に限らず、かつて個人顧客の購買行動は、「リレーション」を ベースにしてきたのではないか。昔ながらの商店街のお店で買い物をするよ うな場合など、必ずしも「商品・サービス」や「価格」が最適ではなくても 購入に至る例は多く、実際の満足度も高かったように思われる。筆者は、こ れは取引の起源が物々交換だった名残ではないかと思っている。お互いもち つもたれつ、というようなことかもしれない。

ただ、技術の発展や、日本の「ムラ社会」の変化、個人の生活の変化など によりリレーションの重要度が薄まるにつれ、高額商品や耐久消費財ですら 非対面の接点を通じての購入で十分、という人が増えている。VRや高精細 映像によるビデオ通話などが一般家庭にも普及すればこの傾向はさらに顕著 となるだろう。

一方で、生活の多くの場面でAIが活用されるようになることで、意思決 定になんらかのアドバイスが必要なときに、専門家や周りの人による主観的 なアドバイスではなく客観的な情報からAIが弾き出した答えを判断のベー スとするのが一般的になる、ということが起こりうる。

この2つのトレンドが組み合わさり、接点がデジタル化されるとともに、 アドバイス内容もデジタル化されていくというのがこのシナリオである。さ まざまな情報をオープンに発信・収集・分析することが常態化していくなか で「人」に対する信用より、「情報」や「技術」に対する信用に重きが置か れるようになるといってもよい。ここでいう客観的情報には、単なる統計的 に処理された定量データだけではなく、口コミなど他の人の意見や動向も含 まれる。後者の情報も重要な要素である。

このシナリオがイメージするのは、ありとあらゆる種類の莫大なデータか らAIが「正解」を導き出し、その正解が実在しないバーチャルな「人」を 含む非対面の接点を通じて提供される、そのような世界だ。図表3-2は、 このリレーションが消滅した未来における個人顧客向けサービスのあり方の 例である。買い物から医療に至るまで、さまざまな場面で「生身の人」では

図表3−2　①"リレーション消滅"シナリオ
　　　　　　──接点＝非対面中心／アドバイス＝デジタル中心

生活の概観
・住宅にVRや高精細映像によるビデオ通話およびAIのインターフェースが備え付けられるようになり、在宅・非対面×AIのインフラが普及
・人と「会う」という概念のなかに、実在しない人の「映像と会う」ことが含まれるようになり、バーチャルな友人との交友関係が増える
・衣・食・住の多くの場面でAIが活用され、自身で認識していないケースも含め、人々はAIによるリコメンド／アドバイスを信用して生活上の意思決定をするようになる

アドバイザリーサービスのイメージ

買い物	**VR×AIによる全家庭・個人単位の仮想店舗・外商サービス** ・日用品だけでなく不動産や車、家具などの高額な買い物も、自宅でVRを活用してイメージをもったうえで購入するように ・各人の好みを反映した"買い物コンシェルジェAI"が必要な情報提供やアドバイス、販促・営業までを家庭内で実施
企業会計・税務	**入出金履歴などの共通データ化とAIによる自動仕分けで会計・税務の事務がすべて完了** ・入出金履歴等はすべて自動でデータバンクに登録され、税務署等にも共有されるようになり、物理的事務が消滅 ・AIの自動仕分けによって人の判断する余地がなくなり企業経理部や、会計士、税理士の判断業務もほぼ代替
教　育	**オンデマンド・オンラインのコンテンツとAIによる学習計画・自動応答サポートを中心としたパーソナライズ学校教育** ・非対面でのインタラクティブな授業が普及し、通学や学校選択の考え方が大きく変化、遠隔での教育機会が増加 ・AIが用意した教材に基づく、各個人に最適なプログラムでの学習が一般的になり、学年という概念がなくなる
医　療	**人間の医師の経験知を超えるレベルの症例数・治療データからAIが分析した最適な治療の提案を、自宅で受診** ・症状の相談から、本格的な問診・簡単な検査まで、自宅や専用ブースからいつでも遠隔診療の受診が可能に ・医師が使うAIツールが実質的に画像・データ診断から治療法選択まで実施、一部手術も高精度ロボットが代替

（出所）　BCG

なく、画面上のバーチャルな「人」により、客観的なデータをベースとしたサービスが提供される。医療の分野を例にするとイメージしやすいのではな

いか。自宅や専用のブースからテレビ電話などで症状を相談する。医師が使うAIツールが病気の特定や治療法選択まで実施、一部の処置などもロボットが提供する、という世界だ。医師の仕事という意味では、臨床（患者の診察）にかける時間の割合が減り、医学的な研究がメインになると考えられる。

　これを資産運用ビジネスの世界に当てはめてみると、顧客が提供するデータをもとにAIがデジタルチャネルを通じて適切なアドバイスを提供する、さらに運用の見直しなど含めて、高頻度で提案が行われるかたちになると考えられる。顧客が一つひとつ確認するステップを飛ばして、自動的に売買まで行われるところまで発展することも想像にかたくない。

　イメージをより具体的にすると、まず、顧客は自分に関する開示可能な情報をサービス提供者にすべて開示する。何かカルテのようなものを書く、ヒアリングで質問に答える、という方法をとることもあるし、また外部にある自分のデータへのアクセス許可を与える、ということもあるだろう。こういったデータをもとに、自動的にアドバイスが生成され、もっている端末もしくは、AIによる音声、あるいはAIアシスタントによる会話などを通じて提供されるサービスだ。

　このサービスでは、ベースとなるのは個人から提供されるデータである。これまで一般的であった資産規模や運用における嗜好、ライフプランについての情報に加え、収入や支出といった家計に関する情報なども提供されれば、さらに高度な提案が可能になる。もちろん、ロボアドバイザーやアルゴリズム運用の精度など、テクニカルな面も重要だが、非連続な成長につながるポイントになる点は以下の2つだと考える。

　1つは、顧客が必ずしもすべての情報を提供するとは限らないこと。これに対しては情報が不完全な状態でも一定のアドバイスができるような仕掛けが大事になる。まずは、限られた情報をもとにアドバイスを提供する。顧客がその有用性を理解すれば、進んで情報を提供する動きは爆発的に広がるだろう。一部にはデータさえあれば何でもできる、という論調も聞かれるが、

留意すべきは、完璧なデータを整備することは物理的にもコスト的にもむずかしいこと、そして、人の行動や状況というものは千差万別で数値以外の「何か」が必要になることだ。

もう1つは、運用以外のサービスとの連携だ。保険や不動産など広義の資産運用も含めることはもちろん、支出についてのアドバイス、果ては、仕事や働き方、子どもの教育などのアドバイスまで広げていくことが進化のカギになると思われる。2章（27ページ）の「よりよい暮らしのコンシェルジェ」とも重なるが、これは個人向け金融ビジネス全体としての将来形の1つとなりうると考えている。お金について本当に有効なアドバイスをするためには、顧客個人の生活、ひいては人生全体にかかわるコンサルティングサービスが必要で、金融や資産運用というのは、そのコンテンツの1つにすぎないのではないか。言ってみれば、いまプライベートバンキングとして提供されているようなサービスが、デジタルの活用により、より一般的に提供されるということかもしれない。特に非対面の接点と客観的な情報を信頼する傾向が高まるこのシナリオが実現すれば、できることは大きく広がる。

② "デジタル接点" シナリオ

このシナリオの特徴は、①と同様、接点は非対面だが、提供されるアドバイスの内容は従来どおりの「人」の主観的な意見が中心だということだ。個人顧客は、消費者調査の場では資産運用における意思決定を左右するアドバイスについて、「客観性」が大事だとよくいう。ただ、よくよく聞いてみると、実際には味気のない客観的なデータだけでは最終的な判断ができず、最後は人に背中を押してほしいというニーズも大きい。

たとえば、ランキングを重視するとか口コミサイトを重視するといった行動がそのよい例だろう。①でも触れたが、顧客はこれらを客観的な情報として（取捨選択しながら）活用している。ただ、これだけ情報があふれていると、これらを客観的なものとしてだけとらえるのも困難になりつつある。実際、個人顧客の多くはランキングや口コミが100％客観的なわけではなく、特定の企業に有利な情報を流す「ポジショントーク」的なコンテンツも含ま

れることは十分理解している。

　それでもなおそういった情報を重視するのは、ほかの人がどうしているかということを単なる情報として求めているだけではなく、ほかの人が何をどう考えてそう判断したのか、考え方の違いによる結論の違いを理解したいと考えている、すなわち、誰かの主観的な意見を求めている証拠であろう。

　図表3−3は、①のシナリオとはアドバイスの内容が「デジタル」中心ではなく「人」中心となるという点で異なる、“デジタル接点”の世界のさまざまなサービスのイメージだ。この世界が成り立つ前提には、「場所」の概念の変化がある。映像や音のみならず、空気（振動やにおい、温度）など5感すべてを共有することで、人と人との対面のコミュニケーションを丸ごと代替する技術が開発され、遠くにいても、相手がその場にいるかのように感じられるようになる。それにより、カリスマ店員や名物先生、名医などの人からのアドバイスがリモートで受けられ、その価値は現在となんら変わることがない、というのがこの世界だ。

　これが実現した場合、「サービス」はどのようなものになるか、図表3−3上段の「買い物」を例に説明したい。家具や洋服の購入にあたっては、試着したり、実物を実際にみて触ったりして決めたいという人が多いだろう。だが、VRなどの技術の進化により、実際に店舗に行かずにVRなどで試着ができたり、生地の肌触りや材質の質感を伝えたりすることも可能になるといわれている。資産運用であれば、自宅から有名なファイナンシャル・プランナー（FP）とコミュニケーションをして運用アドバイスを受けるイメージだ。各FPについての情報が豊富に提供され、顧客が自分で担当FPを選べるため、選択肢は大きく広がる。

　このシナリオが実現する際にカギとなる飛躍的な進化のポイントは2つある。

　1つは、非対面でも人がその場にいるかのようなサービスが提供できるようにする技術の進化だ。単純に会話ができたり画像がやりとりできたりするだけでは不十分だ。人と人との直接の対話を代替するものとして、どこまで

図表3-3 ②"デジタル接点"シナリオ
──接点＝非対面中心／アドバイス＝人中心

生活の概観

・住宅にVRや高精細映像によるビデオ通話のインターフェースが備え付けられるようになり、在宅・非対面のインフラが普及
・人と「会う」という概念に、遠方にいる他人の「映像と会う」ことが含まれるようになり、**実際に会ったことがない友人との交友関係が増える**
・場所による制約がなくなるため、人々はより自分にあったサービスを求め、専門領域に特化した事業者・サービスを探すようになる

アドバイザリーサービスのイメージ

買い物	**自宅にいながらショップの店員と会社に着ていく服の相談をする──など実店舗と同じショッピング体験** ・日用品だけでなく不動産や車、家具などの高額な買い物も、自宅でVRを活用してイメージをもったうえで購入するように ・専門知識をもつ店員といつでもオンラインで相談することができ、アドバイスにより購入判断を後押ししてもらうことも
企業会計・税務	**オンラインでの手続・相談プラットフォームをメインとした、遠隔・ネットでの会計・税理士業務** ・クラウド会計ソフトやクラウドサーバーの利用で、遠隔地でも実地調査項目の状況把握や情報共有が容易に ・業界ごとの専門知識をもった税理士が担当者となり、より専門的な観点に基づく会計事務・アドバイスを実施
教 育	**非対面でのインタラクティブな教育サービスの普及により、塾だけでなく公的な学校教育までがクラウド化** ・非対面でのインタラクティブな授業が普及し、通学や学校選択の考え方が大きく変化、通信制での教育が一般化 ・過疎地域等では実施がむずかしかった専門教員による指導や能力別のクラス編成が全国に浸透
医 療	**名医の診察・治療の提案を、ウェアラブル端末・検査機器等を活用しながら自宅で受ける時代に** ・症状の相談から、本格的な問診・簡単な検査まで、自宅や専用ブースからいつでも遠隔診療の受診が可能に ・地元病院に入院中も、地元にはいない専門医やより実績の高い医師の助言を利用することが一般化

（出所）　BCG

リアリティの訴求ができるかが重要になる。単に、みえるものや、聞こえる音だけではなく、表情・感情や空気感、雰囲気など含めた情報をどこまで伝

達できるかだ。その意味ではAR・VR・MRの活用も不可欠になるだろう。

　もう1つは、販売員に求められるスキルの変化である。物理的に接点をもつ必要がないので、販売員はどこにいても対応できる。また移動等の時間も不要になるため、対応できる顧客数も増える。そうすると、スキルの差が大きく出る。より専門的なアドバイスができる人材の育成が急務となるのはもちろんだが、専門的な知識・スキルだけではなく、「人」としての魅力も大きく顧客支持に影響する。デジタル時代にも、こういった専門性をもった"人間味あふれる"人材の育成・確保は不可欠だ。顧客の嗜好にあわせ、博士のような担当者や、エンターテインメント要素の強い担当者など、販売員のタイプの幅が広がる可能性もある。

　また、話はそれるが、営業がバーチャル化することにより、販売員は国内のみならず、世界のどこにいても仕事ができるようになる。まさにロケーションフリーである。さらに時間的な制約もなくなる。そうなると人の採用・育成など会社としての体制も勝負の分れ目になるのではないか。

③　"対面・デジタル融合"シナリオ

　個人顧客が求めるものとして、いまだに、「何かがあったとき」の「物理的な接点」を通じたサポートがある。Cost-to-Serve（提供コスト）の観点は顧客にはないので、呼べばすぐ来てくれる営業職員がいてほしい、あるいは行きたいときいつでも自分から行ける店舗があればよいのに、という声は多い。人対人のリレーションはそれほど重視されていなくても、何かのときのための物理的な接点に関する要望は意外に大きいのだ。

　つまり、デジタル化が進んだ分野でも、システム障害など特殊な状況もしくは自身になんらかの変化があったときのために目にみえる物理的な接点を確保しておきたいというニーズはいまだに強い。質問への対応などでも、デジタル接点のみではなく、リアル接点を通じたサポートが求められるケースは多い。

　この背景には、やはり個人顧客が心の底にもつみえないものへの「懐疑心」があるのではないか。SF映画などでも、ロボットに地球を乗っ取られ

るというようなストーリーは定番の1つだ。技術やデジタルを便利だと思う一方、どこかで（ブラックボックスになっている）デジタルに対する不安があるように思う。

それを解決するうえでは、コールセンターなどだけではなく店舗など物理的な拠点が安心感の提供に重要な役割を果たす。そういった対面・デジタル融合サービスのイメージが図表3－4である。教育を例にとって具体的に解説しよう。学習計画やコンテンツは、学習者の学習状況や得意不得意、そして性格などのデータをもとに、必要なプログラムがデジタルのかたちで提供される。学校や教員は、やる気にさせる・より効果的に習得させるコーチングなどエモーショナルな面を中心にサポートを提供するというものである。

このモデルは言い換えれば、デジタルによる「機能（ファンクション）」提供と人による「情緒（エモーション）」提供の融合といえる。

このシナリオには、当然①と同様データ提供の問題が生じるが、最も重要なポイントとなるのは対面の接点を含めビジネスとして成り立つように事業モデルをどう構築するかである。

店舗網などの顧客接点をフルで構築すればコスト面で負担が大きく、顧客のメリットが薄れる。一方、非対面接点のみとするとターゲット顧客は獲得できない。顧客の心理的な満足度を高めつつコストを抑え、ROIをどこまで高められるかがポイントだ。

金融機関では店舗が特に論点となるだろう。従来「入りにくい」ことが銀行の信頼性や安全性を示していた面もある（「来てほしくない」というサプライヤーロジックもあったかもしれないが）。だがまず、ここは気軽に入れるかたちに変えていくことが必要だろうし、さらにROIを考えれば、単に投資や運用にかかわるサービスだけを提供するのではなく、関連の金融サービス、さらには行政サービスや小売、飲食などまでメニューを広げたり、地域のコミュニティの場として、人の接点としての機能を高めたりしていくべきだと考えている。

また、このシナリオにおいては、顧客接点における人の役割が大きく変わ

図表３－４ ③ "対面・デジタル融合"シナリオ
　　　　　　──接点＝対面中心／アドバイス＝デジタル中心

生活の概観
・スマホやタブレット、スマートスピーカーなどリコメンド機能やAIの顧客接点となるデバイスインフラが全世代・全業種に浸透
・衣・食・住の多くの場面でAIが活用され、自身が認識していないケースも含めて人々はAIによるリコメンド・アドバイスを信用して生活上の意思決定を行うようになる
・一方で実物の体験やAIのリコメンド・非対面では決断できない際の後押しなど、リアル接点に対するこだわりも残っており、店舗や人による対面サービスはユーザーインターフェース（UI）・顧客体験（UX）に特化して進化している

アドバイザリーサービスのイメージ

買い物	**AIがリコメンドする内容と、実物の確認や相談を組み合わせた買い物** ・不動産や車、家具などの高額な買い物にも、AIのリコメンド・購入コンサルティングを活用するように ・実物をみながら、相談できるショールーム機能に特化するかたちにリアル店舗の形態が進化（注文はネットで実施）
企業会計・税務	**入出金履歴などの共通データ化とAIによる自動仕分けを、人が対面で相談するUIとなってサポート** ・AIの自動仕分けによって人の判断する余地がなくなり企業経理部や、会計士、税理士の判断業務はほぼ代替 ・対面で相談したい、理解したいというニーズが残っており、相談メインのサービス・事務所形態に変化
教　育	**AIがパーソナライズした学習計画・コンテンツを、学校や教員がUIとなって実施** ・従来教員が担っていた学習計画策定やコンテンツ（授業）はAIが個人単位でパーソナライズして実施するように ・よい学習環境やコーチングがうまい先生など、AIのコンテンツのUI／UXが学校や教員の役割・差別化要因に
医　療	**診断・治療提案はAIがメインに、人は高度な手術などの治療技術と、相談・カウンセリングの重要性が増加** ・医師が使うAIツールが実質的に画像・データ診断から治療法選択まで実施、一部手術も高精度ロボットが代替 ・人の役割はロボットができない高度な手術と、相談・カウンセリングが重要となり、メンタルトレーナー等の参入も

（出所）　BCG

るこ とも重要な点だ。繰り返しとなるが、人に求められているのは知識や情報ではなく情緒（エモーション）面のサポートである。必要なスキルは、人

の話を受け入れきちんと聴く傾聴力、さまざまな要望に応えてくれるフットワークの軽さや柔軟性などである。知識はもちろんのこと、このようなエモーショナルなスキルの高い、しかも、特性（魅力）の異なる担当者をそろえる必要がある。

④ "デジサポ（デジタルサポート）対面" シナリオ

最後のシナリオ④は現状とそれほど変わらないように思われるのではないだろうか。対面の接点を通じて、デジタルのサポートを受けつつ、アドバイスは人が提供する。たしかに4つのシナリオのなかでは最も非連続性が弱いようにみえる。

しかし、実はこのシナリオに対応しようとすると、企業のオペレーションは非常に複雑になる。組織としていちばん大きなジャンプが必要になるのがこのシナリオだといえる。筆者はこのシナリオの勝ち組になることのハードルは最も高く、優勝劣敗が明らかになるのではと考えている。

図表3-5はこのシナリオにおけるサービスを分野ごとにイメージした表である。端的にいうとデジタルをベースとして活用しつつ、重要な部分では人が対面で付加価値を提供するモデルである。医療の例がわかりやすいだろう。軽度の疾病の診断や経過観察、薬の処方などでは遠隔診療なども含めたデジタル技術が活用される。一方で、デジタルでは断定がむずかしいケースや、治療の選択肢などが複数あり（患者・医師ともに）むずかしい判断が求められることなどは、人・対面で提供される。

資産運用についても同じようなやり方が求められる。基本的なサービスはデジタルにより提供されるが、より大きな投資判断の際には③で述べたような、デジタルによる「機能（ファンクション）」提供と人による「情緒（エモーション）」提供をあわせて行う。

このシナリオでは、サービス提供側の働き方も大きく変わると思われる。アドバイスサービスの内容自体もデジタルを活用したものとなるが、自らの行動もデジタルツールに管理・指示される。どの顧客をいつ訪問するべきか、顧客対応についても、デジタルとリアルが混在するためより複雑とな

図表 3 - 5 ④ "デジサポ（デジタルサポート）対面"シナリオ
── 接点＝対面中心／アドバイス＝人中心

生活の概観
・住宅にVRや高精細映像によるビデオ通話およびAIのインターフェースが備え付けられるようになり、在宅・非対面×AIのインフラが一部で普及
・非対面での接点に抵抗がなくなり、新しい生活スタイルに移行した人々と、引き続き従来の対面重視の生活をする人が約半数ずつ混在
・人々はAIによるリコメンド・アドバイスを参考にして生活するようになるが、その活用・信用度合いは個人により大きく異なる

アドバイザリーサービスのイメージ

買い物

ネットショッピング・リアル店舗のすみ分けがはっきりしたうえで、それぞれの好みにあわせたサービスが進化
・日用品だけでなく不動産や車、家具などの高額な買い物も、自宅でVRを活用してイメージをもったうえで購入するように
・実物をみながら、相談できるショールーム機能に特化するかたちにリアル店舗の形態が進化（注文はネットで実施）

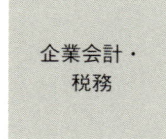

企業会計・税務

非対面・AIを主体としたフルデジタルのサービスをベースにリアル店舗での相談が追加的サービスとして発展
・入出金履歴等はすべて自動でデータバンクに登録され、税務署等にも共有されるようになり、物理的事務が消滅
・対面で相談したい、理解したいというニーズが残っており、相談メインのサービス・事務所形態に変化

教　育

対面・非対面と集団・個別の教育サービス・学校が分化しカテゴリーとして定着、自分にあった形態の選択
・非対面でのインタラクティブな授業と、リアル接点を大事にした授業で、学校の形式が多様化
・AIが用意した教材に基づく、各個人に最適なプログラムでの学習と、集団での学習が混在

医　療

遠隔診療や病院での受診、AIによる診断と医師による診断などを、個人のニーズや場面にあわせて使い分け
・遠隔診療や病院での受診、AIによる診断や医師による診断など、医療分野でのサービス形態が多様化
・公的補助なども多様化したサービスにあわせたかたちで充実しており、自身の考え方にあわせて選択可能に

（出所）　BCG

り、スケジューリングの最適化が必要になる。効率化は進むが営業員の負荷は重くなる可能性もある。

つまり、一見現在と変わらないように思える状況であるにもかかわらず、営業員の働き方・求められるスキルは根本的に変わる。単純な事務作業が取り除かれ、本質的な活動に大部分の時間を使えるようになる。そして活動はすべてデジタルにより最適化されている。そのような世界で人はどのように動くようになるのか。

　テクノロジーのイノベーションに比べると、この「人」のイノベーション・変革ははるかにむずかしい、というのは経営者・管理職などリーダーの経験がある人なら皆感じておられるのではないか。

　人への投資の巧拙およびいかに人をリードしていくか、という古くて新しい課題解決力がこのシナリオにおける勝敗を左右するポイントである。しかも、新しくこの世界に入ってくる人だけではなく、既存の人材も進化する必要がある。フロントだけではなく、ミドル・バックも含めてこれが起こる──というよりフロント・ミドル・バックという考え方が消滅し、新たな枠組みが必要になると考えられる。

デジタル時代のKSFは感情をうまくとらえること

　この章で考察した4つのシナリオは排他的ではないだろう。つまり、どれか1つが実現したら、他の3つは実現しない、というわけではない。領域ごとに実現するシナリオが異なり、結果4つのシナリオが混在する世界となるのではないかとまで考えている。

　個人顧客は、その生活スタイル・経済状況、そして嗜好が千差万別である。また、運用というものは長期にわたり、年を経るごとに状況は変わっていく。デジタルの技術がいくら進化しても、顧客は人のままである。当たり前ではあるが、人自体がデジタルになることはない。そう考えると、どこか「情緒・感情」といったある意味非合理的な面が必ず残るはずだ。この情緒・感情をうまくとらえることが、まさにデジタル時代のKSF（Key Success Factor）である。

　デジタル時代は、多様化の時代でもある。4つのシナリオそれぞれをベー

スにした革新的なサービスの発展、そして、複数のサービスが切磋琢磨することが、真に「貯蓄から投資へ」の実現につながるのではないか。

<table>
<tr><td>コラム</td><td>資産運用ビジネス──投資家ニーズの二極化への対応</td></tr>
</table>

　日本の大手金融グループが資産運用ビジネスに力を入れている。大手金融グループの多くは資産運用ビジネスを重要な領域とし、その中心的な役割を担う運用会社を戦略的グループ企業として位置づけている。近年では、グループ内に分散していた資産運用会社・関連機能を統合・集約することで、運用力・商品提供力の強化・効率化を目指す動きがある。

　資産運用ビジネスの重要性は今後さらに高まっていくとみられる。背景にあるのは市場の成長性だ。

　BCGでは毎年「グローバルアセットマネジメント・レポート」を発行し、グローバルの資産市場の規模を推計、発表している。直近のレポートでは世界の運用預り資産（AUM）は、2007年末に47.3兆ドル、18年末に74.3兆ドルと推計している。18年は市況の影響により資産残高こそ減少したが、運用先進地域の北米や富裕層が急増している中国を中心に基本的には成長基調にある（図表3－6）。人口減少や超低金利の長期化で本業の融資ビジネスが苦境を迎えている日本では、グローバル展開を含む資産運用ビジネスを貴重な収益機会とみる向きが強まっている。

　だが、運用業界の先行きも楽観視はできない。まず、利益率の薄い市場連動型のパッシブ系商品の割合が増加していることで収益性が低下傾向にある（図表3－7）。さらに、ここ数年で投資家のニーズが大きく変化し、ヴァンガード、ブラックロックなど、業界最大手企業に資金が集まる「勝者総取り」の傾向も高まっている。加えて、プラットフォーマー企業の参入により状況が変わる可能性も念頭に置く必要がある。持続的な成長を実現するためには、自社の優位性を生かした運用戦略の構築を急ぐ必要がある。

　19年のBCGグローバルアセットマネジメント・レポート[1]では、今後の変化を生き抜く道筋として、「アルファショップ」「ディストリビューションパ

1　詳細はBCGグローバルアセットマネジメント・レポートの2019年版「Global Asset Management 2019: Will These '20s Roar?」参照。

図表 3 − 6　地域別運用預り資産（兆ドル）

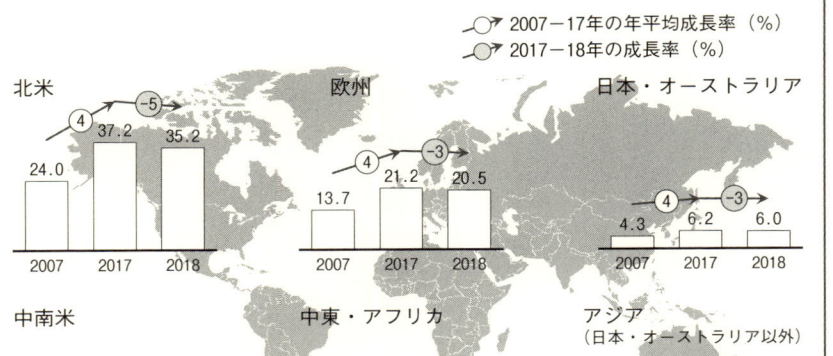

2007−17年の年平均成長率（％）
2017−18年の成長率（％）

北米
24.0 → (4) 37.2 → (-5) 35.2
2007　2017　2018

欧州
13.7 → (4) 21.2 → (-3) 20.5
2007　2017　2018

日本・オーストラリア
4.3 → (4) 6.2 → (-3) 6.0
2007　2017　2018

中南米
0.5 → (12) 1.6 → (8) 1.7
2007　2017　2018

中東・アフリカ
0.9 → (4) 1.4 → (-5) 1.3
2007　2017　2018

アジア
（日本・オーストラリア以外）
2.3 → (12) 7.3 → (-2) 7.2
2007　2017　2018

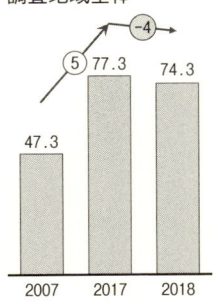

調査地域全体
47.3 → (5) 77.3 → (-4) 74.3
2007　2017　2018

（注）　運用預り資産とは、運用会社が委託を受け、運用報酬を受け取って運用する資産の額。保険会社や年金ファンドが、運用報酬を支払って自社グループの運用会社に運用を委託するケースも含まれる。通貨換算にあたっては、2018年12月末の為替レートを過去にさかのぼって適用。

（出所）　BCG Global Asset Management Market-Sizing 2019、The Economist Intelligence Unit、Strategic Insight、Willis Towers Watson、eVestment、監督省庁を含む各地域の現地組織の公表資料、各種メディアレポート、BCG分析

ワーハウス」という２つのモデルを提示している。

「アルファショップ」は特定分野でアルファ（超過収益）を創出することに強みをもつブティック型のモデルである。中核的組織能力として高度な運用能力やリスクマネジメントが求められる。

図表3－7　パッシブ型商品のシェア拡大は継続

商品カテゴリー別資産運用残高シェア（％／兆ドル）

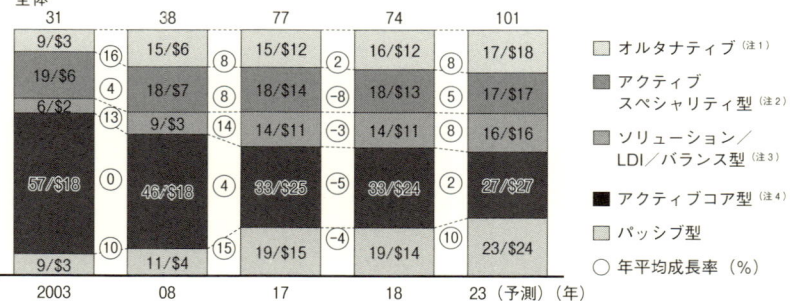

全体

	31	38	77	74	101	
	9/$3	15/$6	15/$12	16/$12	17/$18	オルタナティブ（注1）
	19/$6	18/$7	18/$14	18/$13	17/$17	アクティブスペシャリティ型（注2）
	6/$2	9/$3	14/$11	14/$11	16/$16	ソリューション／LDI／バランス型（注3）
	57/$18	46/$18	33/$25	33/$24	27/$27	アクティブコア型（注4）
	9/$3	11/$4	19/$15	19/$14	23/$24	パッシブ型
	2003	08	17	18	23（予測）（年）	○ 年平均成長率（％）

年平均成長率（丸囲み）：
（16）（4）（13）（0）（10）／（8）（4）（14）（4）（15）／（2）（-8）（-3）（-5）（-4）／（8）（5）（8）（2）（10）

商品カテゴリー別手数料シェア（％／10億ドル）

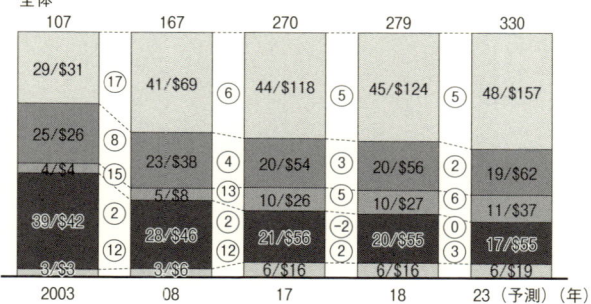

全体

	107	167	270	279	330
	29/$31	41/$69	44/$118	45/$124	48/$157
	25/$26	23/$38	20/$54	20/$56	19/$62
	4/$4	5/$8	10/$26	10/$27	11/$37
	39/$42	28/$46	21/$56	20/$55	17/$55
	3/$3	3/$6	6/$16	6/$16	6/$19
	2003	08	17	18	23（予測）（年）

年平均成長率（丸囲み）：
（17）（8）（15）（2）（12）／（6）（4）（13）（2）（12）／（5）（3）（5）（2）（2）／（5）（2）（6）（0）（3）

（注1）　ヘッジファンド、プライベート・エクイティ、不動産、インフラ投資、コモディティ投資、プライベート・デット、リキッド・オルタナティブ（アブソルート・リターン、ロング・ショート、マーケット・ニュートラル、ボラティリティ等）が含まれる。ヘッジファンド、プライベート・エクイティの手数料には、パフォーマンスフィーは含まない。

（注2）　株式の特化型ファンド（外国株、グローバル株、新興国株、中小型株、セクター株）、債券の特化型ファンド（新興国債、グローバル債、ハイ・イールド債、転換社債）が含まれる。

（注3）　ターゲット・デート、グローバル・アセット・アロケーション、フレキシブル・インカム、LDI（債務重視運用）、伝統的なバランス投資などが含まれる。

（注4）　アクティブ運用の国内大型株、国債・社債、マネー・マーケット（MMF）、ストラクチャードファンドなどが含まれる。

（出所）　BCG Global Asset Management Market-Sizing Database 2019、BCG Global Asset Management Benchmarking 2019、Strategic Insight、P&I、ICI、Preqin、HFR; BlackRock ETP report、IMA、INREV、BCG分析

「ディストリビューションパワーハウス」は幅広い商品ラインアップをもち、強い営業力をもつ運用会社に向くモデルだ。日本のメガバンク系、大手証券系運用会社などはこのモデルを目指すという方向性もあろう。機関投資家や系列販売会社へのアクセスを強みとするため、マーケティング力や販売体制（系列販売会社に独立性を与えながら、顧客のニーズに沿う商品を組成できる体制）が重要なケイパビリティになる。

　投資家ニーズは現在、パッシブ運用領域における「コスト競争力重視」と、アクティブ運用領域における「ソリューション・アドバイザリー重視」に集中している。今後、二極化が進むと予想されるなかでは、自社の戦略モデルにエッジを効かせ、自らの競争優位性を確保していく必要がある。

中小企業金融の未来
いま必要なエコシステムの発想

序　章

6章　チャネルの未来

1章 決済の未来	2章 個人向け 貸出の未来	3章 個人向け 運用の未来	4章 中小企業金融 の未来	5章 大企業金融 の未来

7章　IT／オペレーション／事務の未来

8章　リスク管理の未来

9章　人材・人事の未来

10章　働き方の未来

日本経済を支える中小企業の事業活動を金融面から支えることは、いつの時代も銀行の重要なミッションだが、これまで十分に果たされてきたとはいえない。中小企業に特有のペインポイントが原因で、事業の内容を深く理解すれば本来貸出できるはずの企業に対しても積極的に出られず、担保や信用力など、定型的な融資基準にかなう企業ばかりを囲い込もうとするのがその要因の１つだ。だが、デジタル技術を核として「エコシステム」を構築することができれば、これらのペインポイントを一挙に、あるいは部分的に解消できるのではないか。海外の動向をヒントに、日本ならではの中小企業金融のモデルをさぐる。

銀行は中小企業が求めるものを提供できていない

　日本の経済や産業を下支えしているのは、いうまでもなく中小企業・小規模事業者（以下、中小企業）である。

　中小企業庁によると国内の中小企業の数は2016年６月の時点で357万8,000社に達し、企業全体の実に99.7％を占める。銀行貸出のボリュームも大きく、東京商工リサーチによると国内111行の18年３月期の中小企業向け貸出金残高は前年比2.9％増の310兆4,235億円で、全体に占める比率は69.69％にのぼる。

　銀行が中小企業の成長に必要なリスクマネーを供給し、事業活動を金融面から支えることを、いつの時代も重要なミッションと位置づけてきたことに疑いの余地はない。たが、その期待が十分に果たされてきたかという点では、必ずしも100％イエスとならないのが、日本における中小企業向け金融の現状である。

　そのことを象徴するのが「晴れの日に傘を貸し、雨の日に取り上げる」と揶揄される銀行の貸出姿勢だ。これについては当局も当然認識しており、金融危機下に施行されたいわゆる「金融円滑化法」をはじめさまざまな施策を打ってきた。だがその後も銀行の姿勢は根本的には変わっていない。金融庁では16年度の金融行政方針で「日本型金融排除」という言葉を用い、将来性

や事業価値を十分吟味せず、信用力や担保・保証を過度に重視する貸出姿勢などを問題視する見解を明らかにしている。

　中小企業側には不信感すらある。それを表しているのが、金融庁が中規模・中小企業など751社に実施した「企業ヒアリング」（16年5月公表）と、企業ヒアリングでは捕捉できない小規模企業2,460社に実施した「アンケート調査」（同）だ（図表4─1）。

　両調査によると、ヒアリング対象企業の28％とアンケート調査対象企業の45％が「メインバンクに経営上の課題や悩みを全く相談したことがない」と回答。その理由として最も多かったのは「あまりいいアドバイスや情報が期待できないから」だった。そうした実態は17年10月公表の企業アンケート調査（約3万社に実施）、18年9月公表の企業アンケート調査（調査対象先は前年と同一）をみる限り、改善傾向にあるものの、「訪問・連絡がない・少ない」「支援や提案がない・不十分」「担当者の事業理解・態度・能力に課題」といった不満の声はいまも根雪のように残っている。

中小企業が抱える3つのペインポイント

　中小企業は日本経済を支える屋台骨であるうえに、本来的には大企業に比べ大きな成長を期待できる企業群である。にもかかわらず銀行はなぜ適切なリスクテイクができないのか。その背景には、中小企業の成長のボトルネックとなる、規模やマンパワーに起因する3つのペインポイントがある。

　1つ目は、中小企業の顧客リーチの限界だ。近年、海外展開を推進する中小企業も増えてきているが、多くは商圏を地場に閉ざしていたり営業チャネルが限られたりしている。そのため営業地域や顧客基盤が広がらず、なかなかスケールアップを図れずにいる。

　2つ目は事業運営の効率性引上げに限界があることだ。中小企業は大企業とは異なり、従業員の絶対数が少ないため、社長が営業や人事、総務などの業務を兼務することが多い。社長が日々雑多な業務に忙殺され、販路拡大などそのとき最も重要な業務に注力できず、飛躍の機会を逃すことが多々あ

図表4－1　中小企業の銀行への不満の声──金融庁調査より

企業と金融機関の信頼関係

・企業ヒアリングでは、約3割の企業が「全く相談したことがない」と回答。その理由は、

・アンケート調査では、「日常的に相談している」の割合が企業ヒアリングと比べて半減　相手がいるから」が「アドバイスや情報が期待できない」と同程度の回答数となった。

Q　貴社は、経営上の課題や悩みについて、メインバンクとどの程度、相談してい

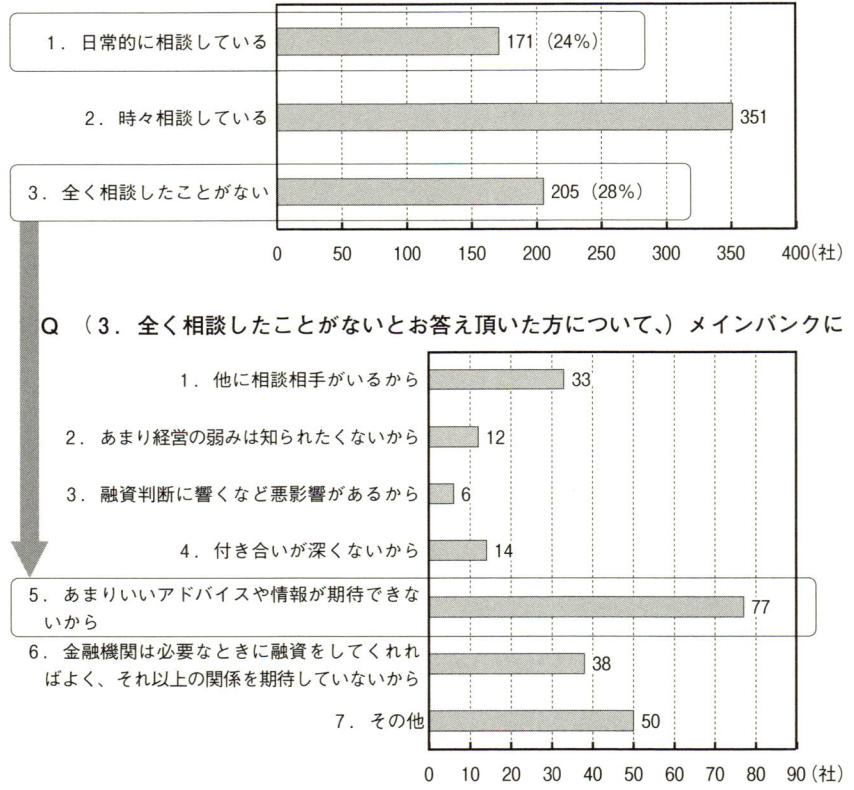

【企業ヒアリング】

- 1．日常的に相談している　171（24%）
- 2．時々相談している　351
- 3．全く相談したことがない　205（28%）

0　50　100　150　200　250　300　350　400（社）

Q　（3．全く相談したことがないとお答え頂いた方について、）メインバンクに

- 1．他に相談相手がいるから　33
- 2．あまり経営の弱みは知られたくないから　12
- 3．融資判断に響くなど悪影響があるから　6
- 4．付き合いが深くないから　14
- 5．あまりいいアドバイスや情報が期待できないから　77
- 6．金融機関は必要なときに融資をしてくれればよく、それ以上の関係を期待していないから　38
- 7．その他　50

0　10　20　30　40　50　60　70　80　90（社）

（出所）「企業ヒアリング・アンケート調査の結果について～融資先企業の取引金融機関

「アドバイスや情報が期待できない」が最多。
する一方、「全く相談したことがない」との回答が最多となった。その理由は、「他に相談

ますか。

【アンケート調査】

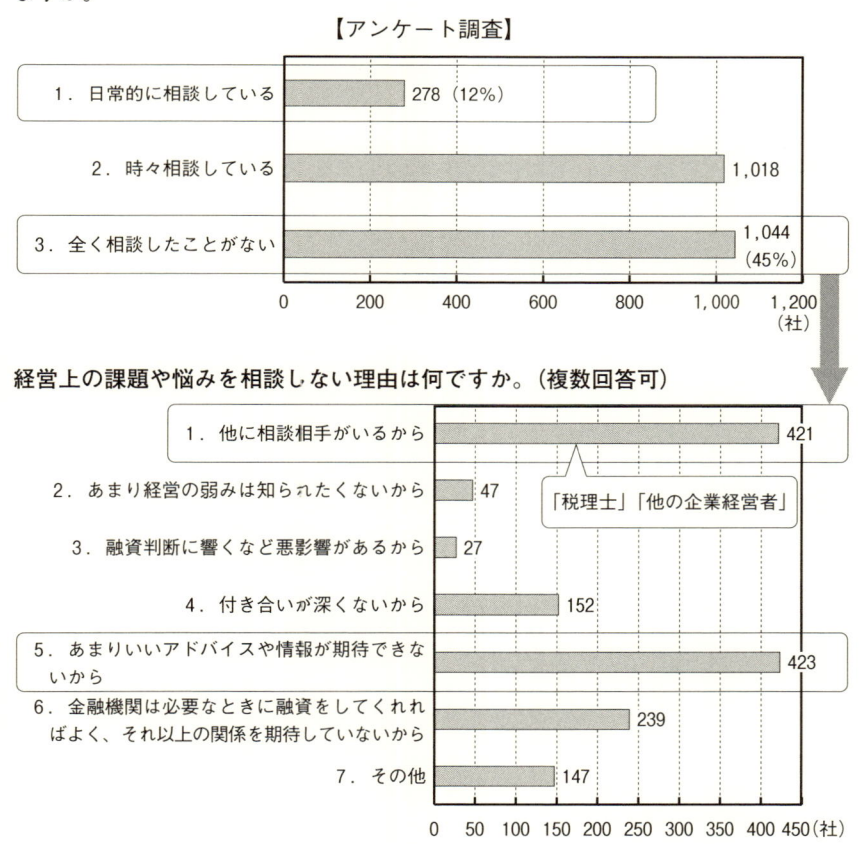

1．日常的に相談している　278（12％）
2．時々相談している　1,018
3．全く相談したことがない　1,044（45％）

0　200　400　600　800　1,000　1,200（社）

経営上の課題や悩みを相談しない理由は何ですか。（複数回答可）

1．他に相談相手がいるから　421
「税理士」「他の企業経営者」
2．あまり経営の弱みは知られたくないから　47
3．融資判断に響くなど悪影響があるから　27
4．付き合いが深くないから　152
5．あまりいいアドバイスや情報が期待できないから　423
6．金融機関は必要なときに融資をしてくれればよく、それ以上の関係を期待していないから　239
7．その他　147

0　50　100　150　200　250　300　350　400　450（社）

に対する評価〜」金融庁（2016.5）

る。

　3つ目は2つ目のポイントとも深く関連するが、情報の非対称性、つまり経営管理に関する情報や財務情報が整備されていないことである。たとえば借入れを申し込むときには銀行の与信・審査手続に耐えうる財務書類や経営情報が必要になるが、それを信用力を得られる体裁で提出するために十分な労力をかけられない中小企業も少なくない。本当は返済能力があっても、十分に説明できないことによって銀行から敬遠されやすくなる。

　銀行側にも、リスクテイクに投じる資本や人的資源の制約がある。こうした制約のもとでは、中小企業がここにあげたようなペインポイントを抱えているなかで、銀行は事業の内容を深く理解すれば本来貸出できるはずの企業に対しても積極的に出られず、担保や信用力など、定型的な融資基準にかなう企業ばかりを囲い込もうとする。メガバンクも地銀も同じような優良先をねらうため金利競争を仕掛けざるをえず、最終的には自分たちの手で利幅を縮めることになる。「中小企業金融といえばこの銀行」といえる勝者がどこにも見当たらない事実が、閉塞した状況を雄弁に物語っている。

ペインポイント解消のカギを握る「エコシステム」

　だが、裏を返せば先にあげたペインポイントを解消することができれば、金融機関による中小企業向け金融サービスの提供をさらに拡充する余地があるということだ。近年目覚ましい発達を遂げてきたデジタル技術は、まさにこうしたペインポイント解消の有効な手段となりうる。私たちはデジタル技術を核として「エコシステム」を構築することが、これらのペインポイントを一挙に、あるいは部分的に解消するカギとなるとみている。

　エコシステムとは、広く企業同士の協業・連携関係を指す言葉だが、この章では、「中小企業の経営者が事業運営上必要とするさまざまなニーズを効率的かつ、経営者にとって有利なかたちで充足してくれるプラットフォーム」としてのエコシステムをイメージしていただきたい。

　このエコシステムが提供する機能には、決済の効率化や取引データに基づ

く高頻度の信用スコアリングなどの金融面の機能だけでなく、参加する企業同士の相互顧客開放、中小企業の事業運営に必要なデジタル活用のソリューション提供など、非金融ニーズにかかわる機能も含まれる。これらを「機能」として提供できるさまざまなプレーヤーの集合体としての「エコシステム」を構築することが、海外の先進的な中小企業金融においては、1つの有力なトレンドとなっている。

　これまでも金融機関は、中小企業顧客が必要とする金融／非金融ニーズを総合的に充足させる、一定のサービス提供は行ってきた。たとえば、既存顧客向けに「会員制サービス」といったかたちで、金融取引以外のサービス——情報提供、専門家の紹介や取引先を広げるイベントなど——を提供したうえで、実際の取引拡大に伴う貸出ニーズを捕捉するといった取組みがそれに当たる。だが、デジタル時代のエコシステムは、以下の3点において、これまでの自行を中心とした「囲込み」とは、大きく異なる。

顧客起点

　第一に、顧客を起点として形成されていることだ。エコシステムは顧客である中小企業の経営者は何に悩み、何がボトルネックになっているのかということを出発点に、その課題解決を提供できる企業が参加するネットワークであるべきだ。その中心にいるのはあくまで中小企業で、金融の機能やサービスは「エコシステムを構成する機能の1つ」、銀行は「中小企業が必要とするさまざまな機能やサービスの一部を提供する、いちプロバイダー」といった位置づけになる。「自行で囲い込む」というスタンスから、「中小企業ニーズを満たす機能の1つ」となるには大きな発想の転換が必要であるが、「Bank as a Service」（1つのサービスとしての金融）という概念は、海外でも徐々に浸透してきている。この場合、中小企業が求める金融機能のなかに規制などにより自行で提供できないものがあれば、提供可能なパートナー企業を探してきて中小企業にとって最適なサービスのポートフォリオを組み立てていく、というようなマインドセットも必要になる。

　銀行と中小企業はこれまではお金を貸す側と借りる側という関係にあり、

ともすれば銀行優位ととらえられることもあった。しかしエコシステム内においては、必ずしも銀行が優位な立場になるとは限らず、銀行自身も「中小企業が必要とするニーズの１つである金融機能やサービスを最も洗練されたかたちで提供できるのは誰か」という問いによる選別を受ける。Amazonなどに代表されるデジタルディスラプターや、ノンバンクの提供する金融機能やサービスのほうが優れていれば、当然、銀行はエコシステムから弾かれるであろう（図表４−２）。

たとえば、英バークレイズ銀行では、フィンテックベンチャーと提携して法律面のアドバイスやセキュリティー体制の構築といった中小企業の非金融ニーズに対応している。どのケースも「自行単体で提供できる機能やサービスは何なのか」という発想ではなく、「中小企業経営者や、その周辺にいる人たちがいま何に悩んでいるのか。いま何がボトルネックになっているのか」といった発想が出発点になっている。

図表４−２　中小企業のニーズのバリューチェーン：
　　　　　　非金融ニーズも視野に入れるべき

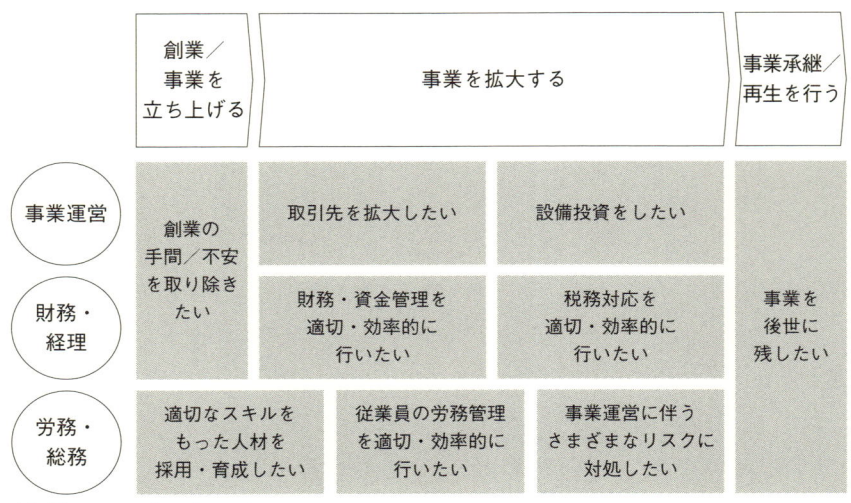

（出所）　BCGプロジェクト

エコシステムは1対1（銀行対企業、企業対企業）のパートナーシップやアライアンスとは異なり、参加者の同意を前提にさまざまなデータがシームレスにつながる世界だ。そこでは"いちプロバイダー"である銀行を含め、すべてのサービス提供者に恩恵が行き渡る（というより、共存共栄できる経済圏や生態系にあうプレーヤーがもともと集まっている）。エコシステムの中心にいる中小企業は特定銀行の画一的な商品・サービスではなく、包括的な商品・サービスラインアップによって自らの金融ニーズと非金融ニーズを充足させることができる。

データ活用

　第二に、中小企業金融で利活用できるデータの質・量や深さ、データを使った分析の精度が桁違いであることだ。データ蓄積やアルゴリズム分析といったデジタル技術が進展したことで、いまは一般的な財務データだけではなく、取引に伴う商流データ、ライバル企業の動向、オフィスや工場で使用する電気・ガス・水道代など事業活動に伴うユーティリティーデータ、中小企業経営者の個人的なデータやSNS上のデータなど、中小企業の事業運営実態を示すデータを大量かつ廉価に蓄積し、中小企業金融で利活用することが技術的には可能になってきている（図表4－3）。

　データが大量になればなるほど分析の精度が向上するため、これまで「実際には貸しても問題はないが、従来の財務データを基準にした財務分析ではゴーサインを出せない」などと判断されていた中小企業にも、リスクに見合った適正な金利で貸すことができる。デジタル技術を活用したエコシステムではそうしたリスクテイクによって銀行の収益機会を拡大することができる。

　データの利活用という点では、いまのところ、より多くの顧客接点をもつEコマースプレーヤーが目立った動きをみせている。Amazonでは自社のマーケットプレイスに出品する販売事業者に対し、商流データに基づくかたちで「Amazonレンディング」という短期運転資金型ローンを提供し、データをもたない銀行より短い期間での審査や、より有利な金利での貸出を実現

図表4－3　過去数年で多くの新たなデジタルデータソースが出現、
　　　　　貸出に大きな影響

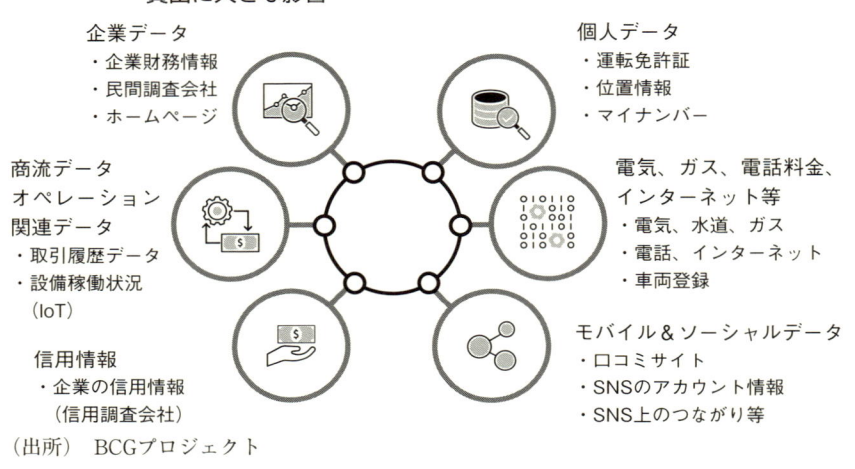

企業データ
・企業財務情報
・民間調査会社
・ホームページ

個人データ
・運転免許証
・位置情報
・マイナンバー

商流データ
オペレーション
関連データ
・取引履歴データ
・設備稼働状況
　（IoT）

電気、ガス、電話料金、
インターネット等
・電気、水道、ガス
・電話、インターネット
・車両登録

信用情報
　・企業の信用情報
　（信用調査会社）

モバイル＆ソーシャルデータ
・口コミサイト
・SNSのアカウント情報
・SNS上のつながり等

（出所）　BCGプロジェクト

している。また、中国のアリババグループは膨大な顧客データを蓄積しなが
らデータ帝国ともいえる巨大なデジタルエコシステムを構成している。エコ
システム内では参加者のデータが"丸裸"にされるが、そこから得られる利
便性は計り知れないほど大きい。

　日本人は自分のデータをとられることに敏感なため、丸裸にされる世界が
好まれるとは限らないが、デジタル時代の到来によって「顧客企業を囲い込
む」という戦略が陳腐化し、中小企業が必要とする機能や商品・サービスが
そろうエコシステムを構築することが最優先課題になったのは確かだ。
GAFAの例を引くまでもなく、データの世界では勝者が総取りをする可能性
もあるため、いまのうちに札を貼っておく（先行投資や準備をしておく）こと
が肝要だ。

中小企業のデジタル活用加速

　第三に、上述の2つとは異なる切り口として、中小企業におけるデジタル
活用の加速があげられる。中小企業自体が、売上げの拡大や業務プロセスの
効率化に積極的にデジタル活用を進めないと、生き残れないという競争環境

がますます色濃くなっており、顧客自身のなかでもデータエコシステムなどを通じてデジタル活用に活路を見出したいという機運が高まっている。

　デジタル／ITに投資する中小企業とそうでない企業では明確に収益性に差が出ており、チャネル（販売）、マーケティングといった売上増加、業務プロセス管理といったコスト抑制の両面において、顧客自身の生残り戦略として、デジタル活用は必須の方向性である。

　図表4－4は中小企業白書（平成28年度版）に掲載されたデータだ。これは経済産業省「企業活動基本調査」のデータを用いて、IT投資開始企業（2010年度にIT投資を開始し、13年度まで継続投資をした企業）とIT投資非開始企業（07年度から13年度までIT投資をいっさいしていない企業）の売上高経常

図表4－4　IT投資の有無による経常利益率の時系列変化

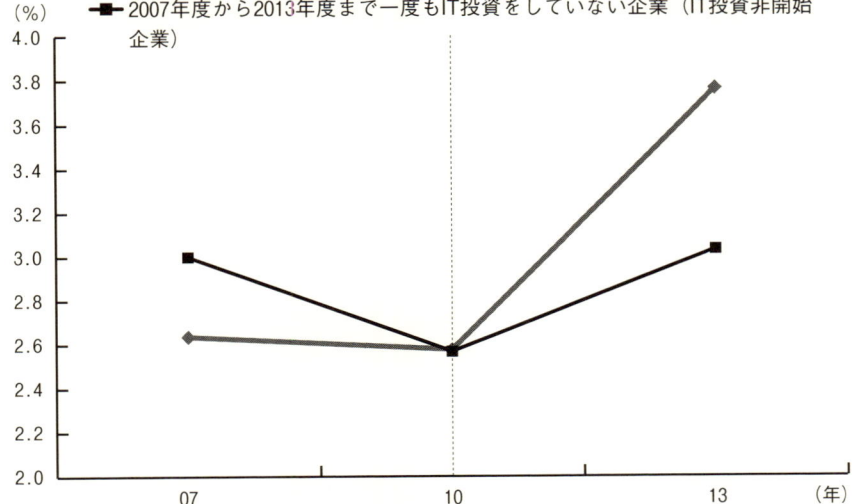

（注1）　売上高経常利益率＝経常利益／売上高で計算している。
（注2）　2007年度～2013年度まで連続して回答している中小企業を集計している。
（出所）　平成28年度版「中小企業白書」経済産業省（2016）

利益率の変化をグラフ化したものだ。これをみるとわかるように、IT投資開始企業の07年度の売上高経常利益率は、IT投資非開始企業のそれより低水準である。しかし投資を開始した10年度以降、IT投資非開始企業と比べ、大きく伸長している。これは、投資により10年度以降に顧客の拡大や業務の効率化が進んだためと考えられる。

しかし、現状ではすべての企業が業務のデジタル化に取り組んでいるわけではなく、たとえば手形や小切手で決済をする慣行のように根雪のように残っている領域もある。中小企業にとって、エコシステムに組み込まれることで利用可能なソリューションを拡充することは、即効性のある打ち手となると考えられる。

邦銀が目指すべきエコシステムのかたち

現時点ではエコシステムに唯一絶対のかたちはない。データをどこまで広く活用すればいいのか、どんなプレーヤーといっしょに構築すればいいのか、どういう機能や商品・サービスをプラットフォームに乗せればいいのかといったことについては決定版と呼べるモデルがまだ確立されていない。ただ、海外での先行事例をふまえると、「プラットフォームに乗せる商品・サービスの広さ」「運営の仕方」という2つの切り口によって、いくつかの有力なパターンが浮かび上がる。

まず商品・サービスの広さという切り口からは、商品・サービスの提供ラインアップを、金融領域に特化するか、非金融領域まで含めるかで2つの姿がみえてくる。金融関連サービスに特化したエコシステムでは、あくまで融資や決済など中小企業の金融面での課題解決を目的としており、銀行にとっては本業に近い領域において、これまでの知見・経験を存分に発揮することが可能だ。もう1つは、人事・労務管理や営業サポート、リーガルアドバイスといった非金融領域を含めたワンストップショッピング型のエコシステムだ。これは幅広いソリューションへのアクセスを特徴としている。

エコシステムの運営主体のあり方については海外での先行事例をみると、

大きく２つのパターンが観察される。１つ目は、中小企業ニーズに応じた商品・サービスの開発と供給をどんどん自社内に取り入れて内製化する、直轄型のエコシステムだ。アリババグループがこれに近いかたちをつくりあげている。こうした運営には、サービス開発やシステム運営に多大なる投資を必要とする反面、顧客ニーズに応じたエコシステム内での商品・サービスのラインアップ強化を、スピーディーに進めることができる。一方で、必ずしも自前にこだわらずに商品・サービスを拡充させていくエコシステム構築もある。北米ではこのかたちが多い。少し前までJPモルガンなど北米の大手行はフィンテックプレーヤーに警戒感を示していたが、いまでは大切なパートナーという認識に変わっており、大手行のブランドのもとで、協業先フィンテックプレーヤーのサービスを提供するといったことが行われている。こうした運営の仕方の場合、すでに確立されたサービス・商品をベースに顧客をしっかりつかんでいる機能をエコシステムに取り込むことができる反面、組む相手との相性やタイミング次第で、必ずしも銀行の思い描くようなペース・規模でエコシステムが育つとは限らない点に留意が必要だ。

　では、日本の中小企業金融の領域では今後、どのようなかたちでエコシステムが発展していくのか。もちろん、考え方はメガバンク、地方銀行、信金・信組など業態によって異なるし、メガ３行でも異なるはずだ。ただ、日本の市場特性や企業文化、邦銀がこれまでに示している方向性や施策、保有リソースなどを総合的に勘案すると、私見ではあるが、日本では「非金融領域を含めたワンストップショッピング型」と北米にみられる「協業・パートナー型」の組合せが最も自然なかたちで受け入れられるのではないだろうか。

　いずれにしろ、海外の先行事例をふまえると、エコシステムの絶対条件は次の２つになる。まず１つ目は中小企業のペインポイントを解消する商品・サービスをプラットフォーム上に乗せられるエコシステムであることだ。換言すれば、エコシステムに参加する他のサービス提供者に十分なメリットを提供できるシステムであることだ。２つ目は最終的に金融サービスを提供す

る際のリスク評価に必要なデータを自行が入手できるシステムであること、翻っては、エコシステムを利用する中小企業にとって情報提供の対価として十分見合う金融サービスを提供できるシステムであることだ。

エコシステム構築のポイントと注意点

　以上をふまえ、邦銀がこの先中小企業向けエコシステムを構築する際に押さえておきたいポイントを整理したい。

　まず大切なのはパートナー選びだ。銀行がエコシステム内の「中小企業が抱える金融ニーズ」の充足を担う場合、もちろん自行でデータを収集し、AIアルゴリズムを構築して高度な貸出システムを組むことなどもできるはずだが、既存の銀行の組織体制のなかでこれを進めようとすると時間がかかる。動きが速く、デジタルプロダクトの開発の経験が豊富なフィンテック企業と手を組むことを視野に入れる必要がある。また、中小企業のニーズは企業の成長段階や環境変化に伴って発生・変容するため、人事・労務管理やリーガルアドバイスといった領域にも手が届くよう、異業種プレーヤーとの連携も当然検討の視野に入ってくる。

　銀行からみて適切なパートナーといえるかどうかの基準は、①金融ニーズがある顧客、もしくは将来金融ニーズが発生しそうな顧客を多く抱えていること、②中小企業が希望する品質や価格で提供可能な商品・サービスをもっていること、の2つだ。その基準に合致するプレーヤーと手を組めばエコシステムがよく機能し、それによって参加者が増え、エコシステムがさらに強くなるという好循環が生まれる。

　ただし、フィンテック企業など銀行のパートナーとなりうる企業は、意思決定の仕組みやスピード感、商品・サービスの開発手法、新規ビジネスでのリスク管理手法や許容度といった部分で伝統的な銀行とは性格を異にする。銀行がそうした異文化で育ってきたパートナーと円滑な協業を実現するには新しいオペレーティングモデルを確立することが必須になる。

　たとえば銀行が採用を検討するべき業務の進め方のモデルの1つに「ア

ジャイル」と呼ばれる手法がある。これは仕事の進め方を含め、価値創造全般に応用可能なモデルである（10章参照）。アジャイルとは、その時代や環境にあう商品をスピーディーに開発するために生まれた概念で、最小限の機能をもつMVP（Minimum Viable Product）をまずつくりあげ、ユーザーの反応を確認しながら段階的に商品性や機能を磨き込んでいく、という手法をとる。

　もちろん銀行には日本全国に均質な商品・サービスを手堅くリリースしてきた歴史があるし、堅確性を要する業務の特性上からもトライアンドエラー（試行錯誤）を重ねながら商品・サービスを段階的にリリースしていくことには大きなハードルがある。実際、邦銀との会話のなかでは、成功事例の情報を求められることが多い（直截的な言い方をすれば失敗をしないように成功事例を模倣したがっている）ようにみえる。

　現状の人事制度や業績評価制度では新しいチャレンジや前向きなエラーの多くを許容できないため、いずれはその問題も解消しなければならないにしろ、ビッグデータレンディングのような斬新な商品・サービスをローンチするためには、新たな子会社やアジャイルチームを立ち上げて既存組織や通常業務から切り離したり、銀行本体とは別のブランドで開発を推進したりする工夫が必要だ。そうすることで開発スピードを上げられるし、失敗した場合のリスクも最小化できる。エコシステムは共存共栄の経済圏・生態系なので、手を組みたいと思った相手が優れた技術やサービスをもっていても自分たちがそれを生かせるオペレーティングモデルを確立していなければ、同じプラットフォームに乗ることすらかなわない。

　それともう１つ、自行のITシステムを整備することも大きなポイントになる。銀行のビジネスは勘定系システム（勘定処理を実行する中核的な業務システム）や全国銀行データ通信システム（全銀システム）などの巨大インフラのなかで動いているが、プラットフォーム上でパートナー間のデータを連携させたり、中小企業にワンストップ型のソリューションをオンラインで提供したりするために、既存インフラを維持しつつもエコシステムの拡張を前

提にしたアーキテクチャ（構造、設計）に変えていく必要がある。経営の目線でみると範囲の広い課題になるが、アーキテクチャを疎結合化（緩く結びつけること）するなどして従来とは異なる開発を可能とする基本設計にしないと、屋上屋を重ねるだけで、いつか身動きがとれなくなる。

　いまのところ国内に危機意識と包括的な構想をもって中小企業金融のエコシステムを真正面から構築しようとしている銀行は見当たらない。「取引データを活用して財務データや担保に依存しない貸出を実現するためにフィンテックベンチャーと手を組む」といった部分的な動きは徐々に出始めているが、デジタルの方向に大きく舵を切った銀行やエコシステムをホリスティック（全方位的）に創造している銀行の出現までには時間がかかりそうだ。

　しかし、同じアジアには、シンガポールのDBS銀行など先進性が際立つ銀行もある。同行は政府系金融機関として設立され、国の発展に必要な貸出業務を行ってきた。しかし近年急速にデータセンターの増設やインターネットオペレーションの再構築、従業員へのデジタル教育などを進めたことで、「The Development Bank」から「The Digital Bank」へと性格を変え、金融専門誌ユーロマネーが主催するアワード・フォー・エクセレンスで「ワールド・ベスト・デジタル・バンク」に選ばれるなどしている。そのレベルになると「デジタルといえばあの銀行」と一目置かれるようになり、さまざまな強みをもつプレーヤーが向こうから近づいてくる。

　DBS銀行と同じような取組みが邦銀にできないとは限らない。いま国内では中小企業経営者の高齢化が進行しているが、次世代経営者は現経営者に比べてITリテラシーが高く、デジタル活用への抵抗感も強くない。事業承継後に受け皿がより広くなるという意味でも、エコシステムの構築という方向に対してはある種の追い風が吹いている。

　これからの銀行は、定型的・画一的な審査をして一部の優良先を低金利で囲い込むのではなく、中小企業が真に必要とするニーズを満たすことで中小

企業金融の円滑化を進めなければならない。銀行自身がデジタル化の取組みを加速させ、「銀行はデジタルの領域でも頼りになる」というレピュテーションを確立すればエコシステムへの参加者は次第に増え、データ蓄積と分析が進み、よりニーズにあった商品・サービスがプラットフォーム上にリリースされるようになる。金融庁のヒアリングやアンケート調査に散見された不満の声はその時には消えてなくなっているはずだ。

5章

大企業金融の未来

序章

6章　チャネルの未来

1章	2章	3章	4章	5章
決済の未来	個人向け貸出の未来	個人向け運用の未来	中小企業金融の未来	大企業金融の未来

7章　IT／オペレーション／事務の未来

8章　リスク管理の未来

9章　人材・人事の未来

10章　働き方の未来

日本の大企業は、過去20〜30年にわたり、グローバル化や資金調達源の多様化などを進めてきた。その結果、銀行との関係もかつての蜜月関係から変容してきている。また、銀行側も、資本規制強化やマイナス金利政策等のもと、従来の貸出中心のモデルだけでは立ち行かなくなりつつある。加えて、足元のデジタル化の進展により、銀行の強みであった顧客接点も、分野によってはデジタルプレーヤーに奪われかねない状況も到来している。

　これらの事業環境の根本的な変化に対応するには、邦銀は「資金の提供者」から「ソリューションの提供者」への進化を目指す必要がある。この章では、一歩先を行く外銀（欧米の大手行）の取組みについて解説し、邦銀への示唆をさぐる。

邦銀大手と大企業との関係性が変容

　戦後、邦銀と日本の大企業との間には、「メインバンク制」のもと、貸出を実行するだけではなく、企業側に役員を派遣したり、相互に株式を持ち合ったりする蜜月関係が築かれた。企業が経営危機に陥った場合、メインバンクは資金供給によって倒産を回避するラストリゾート（最後の貸し手）の役割も果たす。企業側には、特定の銀行と長期的・固定的な関係を維持することで資金不足を解消し、経営の安定化を図れるメリットがあった。

　しかし、邦銀と大企業との関係は、日本経済の成熟とともに変化してきた（図表5－1）。1980年代に金融の自由化が進展し、大企業は間接金融（銀行借入れによる資金調達）に頼るだけでなく直接金融（株式や社債の発行による資金調達）のウェイトを高めるようになった。また、90年代の金融危機や不良債権問題、2000年代のメガバンクの誕生などを経て、株式の持合いや役員派遣といった慣行も薄れていった。

　その結果、企業側は、1950〜60年代には70〜80％あった負債比率を、90年代には50〜60％に、2000年代からは50％以下に減少させている。

　加えていまや、代表的な大企業に限らず、多くの日本企業が国際化やM&Aを推進している。外務省の海外在留邦人数調査統計によると、17年10

月1日時点で海外に進出している日系企業の拠点総数は前の年に比べて約5.2％増（3,711増）の7万5,531で、これは統計を開始した05年（3万5,134）の2倍以上となっている。また、海外の成長市場や海外企業が有する技術をねらって大規模なM&Aを行うケースも増えている。リフィニティブによると、日本企業が18年に関与した海外企業のM&Aは前年比約9割増の計1,920億ドルとなっている。

　これらの数字を引き上げているのは各業種を代表する企業だ。足元では日本企業として過去最高額となる約7兆円でアイルランドの製薬大手を買収した武田薬品工業や、ソフトバンクグループなどの動きが目立っている。

　こうした大型のM&Aなどでは、かつて大企業はスキームの組成、資金調達、リスク管理などについて銀行や証券会社の知見に頼ってきた。だが、近年は金融機関との付合い方を変える企業も出てきている。その契機の1つが、外部のサービスや専門人材を活用する際の選択肢が増えたことである。

　たとえば、投資銀行で豊富な経験を積んだバンカーをスカウトしてCFO（最高財務責任者）などの要職に据えたり、会計事務所や税理士法人のようなプロフェッショナルファームを活用し、自ら資金調達やM&Aのスキームを組成したりするケースも出てきている。また、トレジャリー・マネジメント・システム（TMS）などの財務管理ソフトウェアを利用し、グローバルに資金管理の最適化を試みる事例も増えた（TMSとは、企業がグローバルかつグループ全体での資金の効率化やリスク管理を総合的に支援するソフトウェアを指す）。

　このような先進的な企業が、それでも金融機関に頼りたいと考えるのは、専門的な付加価値を提供できる場合だろう。筆者が企業の財務責任者などと議論した際に出された意見として、たとえば複数国にまたがる複雑な資金管理を効率的に行うプーリングなどのソリューション提案や、株式公開買付け（TOB）を仕掛ける際の交渉・駆引き等のインテリジェンスの提供、グローバルオファリング（株式や債券を複数市場で同時に募集・売出しを行うこと）を実施する際の投資家ネットワークなどがあげられる。先進的な大企業は、そ

図表5−1　コーポレートバンキング・ビジネスの歴史的変遷

高度経済成長期 （1950−1960年代）	オイルショック―バブル期 （1970年代前半−1980年代後半）

外部環境の変遷

・未曽有の経済成長が持続 ・戦時中の「指定銀行制」の名残としてメインバンク制が存続	・オイルショック後の顧客企業による「減量経営」推進 ・規制緩和により直接金融の解禁

顧客企業と銀行の関係性の変化

メインバンク制により銀行が安定資金調達と企業統治で重大な役割を担う	資金調達における銀行の役割が緩やかに低下

上場企業の負債比率[注]

70〜80%	60〜70%

（注）　サンプルは金融・電力・ガス関連を除く東証1部上場の企業、データは日経NEEDS
（出所）　蟻川靖浩・宮島 英昭（2015）「銀行と企業の関係：歴史と展望」（『組織科学』Vol.49
　　　　https://www.aaos.or.jp/contents/committee/file/049-1-2.pdf

うした引出しをたくさんもっている銀行・証券会社とは関係を深くしたいと思う一方、そうでない金融機関にはあまり多くを期待しなくなっている。一部のグローバル企業では、金融機関にはほとんどアドバイスを求めず、「取引の遂行・執行」のみを期待する、という声も聞かれるほどだ。

　もちろん、大企業のすべてがそこまで先進的なわけではない。たとえば、これまで国内市場を中心に事業を展開していたものの、ここへきて国際化に舵を切り始めている企業もある。多くは「縮小が続く国内市場にとどまって

バブル崩壊—銀行危機 （1990年代）	銀行再編—現在 （2000年代前半—）

- 企業の倒産件数増加
- 銀行における不良債権拡大、大手金融機関の破綻
拓銀／長銀／日債銀等

- グローバリゼーションの進展、IT／デジタル技術の革新
- 金融自由化（証券／保険業の解禁）、および金融緩和の長期化

銀行の貸し手としての重要性が減退、企業統治における役割も低下	銀行は複雑性が増す顧客企業の事業を複眼的にサポート

50〜60%　　　　　　　　　〜50%

に基づく。
No.1：19-31，2015）をもとにBCG作成

いては立ち行かなくなる」という危機感をもちながら、なかなか踏み出せずにいた伝統的大企業だが、重要な点は、こうした企業もクロスボーダーM&Aなど新しい動きを活発化させ始めているということだ。また、こうした企業は得てして、海外の現地法人や買収先の財務管理を現地や買収先に「任せて」いることが多い。結果として、資金の効率化やリスク管理の取組みは不十分ということも少なくない。

　このように、大企業と一言でいっても、そのグローバル化の度合いや財務

図表5－2　銀行のプロダクト・サービスの概要

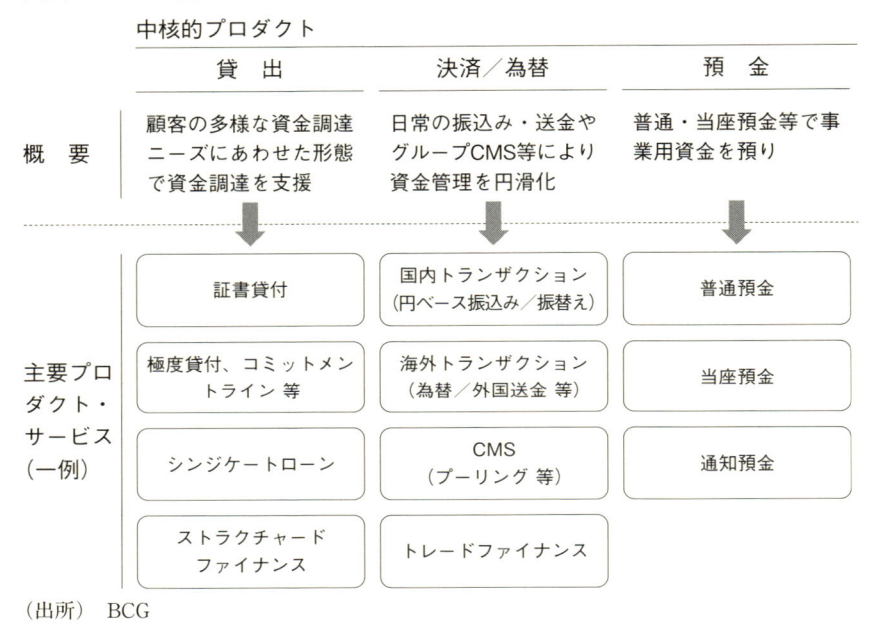

中核的プロダクト

	貸 出	決済／為替	預 金
概 要	顧客の多様な資金調達ニーズにあわせた形態で資金調達を支援	日常の振込み・送金やグループCMS等により資金管理を円滑化	普通・当座預金等で事業用資金を預り
主要プロダクト・サービス（一例）	証書貸付	国内トランザクション（円ベース振込み／振替え）	普通預金
	極度貸付、コミットメントライン 等	海外トランザクション（為替／外国送金 等）	当座預金
	シンジケートローン	CMS（プーリング 等）	通知預金
	ストラクチャードファイナンス	トレードファイナンス	

（出所）　BCG

管理の先進性には大きな差が生じている。そのため、顧客へのアプローチは、顧客のニーズを客観的・定量的に把握したうえで、ニーズに応じた専門性やチーム体制で顧客対応にあたることが理想である。

　実際、外銀においては、顧客ごとにプロダクトニーズを定量化しグローバルに横串を刺すかたちで連携し、プロダクト提供を行うことが多い。

　一方、日本の大手行は一般的に、銀行内に専門プロダクト部門（トランザクションバンキング、ストラクチャードファイナンス等）を抱え、グループ内に証券・資産運用・信託・リースといったプロダクトやサービスを擁するという構造になっている（図表5－2）。しかし、邦銀では営業部門や海外各拠点の自律性が高く、プロダクトに関する専門的なニーズに機動的に応えたり、拠点をまたいで一貫したプロダクトを提供したりすることがむずかしい。そのため、特に専門的・グローバルなプロダクトでは、外銀に取引を奪われる

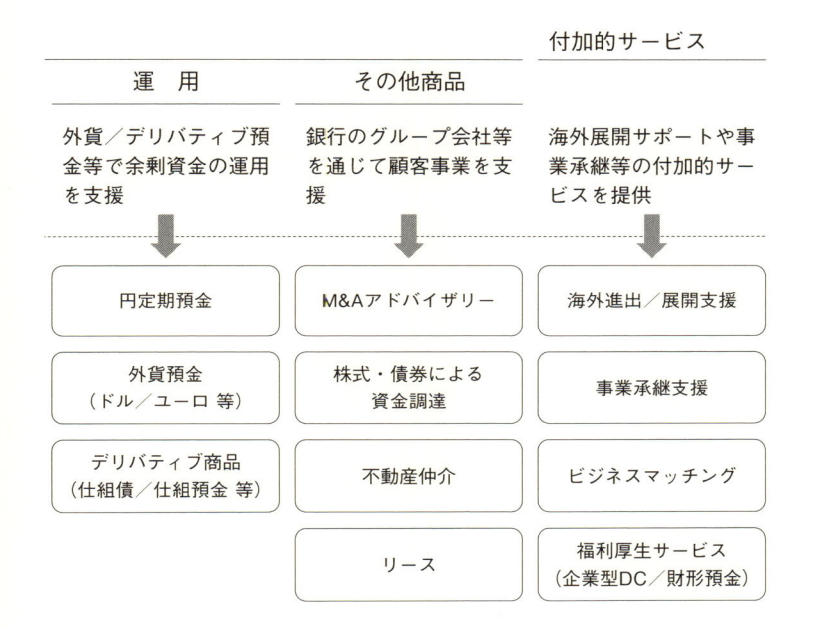

運　用	その他商品	付加的サービス
外貨／デリバティブ預金等で余剰資金の運用を支援	銀行のグループ会社等を通じて顧客事業を支援	海外展開サポートや事業承継等の付加的サービスを提供
円定期預金	M&Aアドバイザリー	海外進出／展開支援
外貨預金（ドル／ユーロ 等）	株式・債券による資金調達	事業承継支援
デリバティブ商品（仕組債／仕組預金 等）	不動産仲介	ビジネスマッチング
	リース	福利厚生サービス（企業型DC／財形預金）

場面も出てきている。

大企業金融をめぐる環境変化：
デジタル化の進展を背景に顧客接点をねらう競争が激化

　日本の銀行は、さらに構造的な逆風にもさらされている。

　その1つに資本規制の強化がある。バーゼルⅢの適用によって貸出資産に対する信用リスクの評価方法が変わり、貸出による資本コストへの影響が大きくなる。一般的に大企業向け貸出は、中堅・中小企業向けに比べ利鞘が薄いため、現在のマイナス金利政策も相まって、収益性を悪化させる要因となる。

　加えて、デジタル化の進展がある。大企業は、従来のようにRM（リレーションシップ・マネジャー、営業担当者）と面談や電話を通じてやりとりする

だけでなく、デジタルチャネル経由で取引の検討から約定まで行うケースが出てきた。そのため、デジタルサービスのプロバイダーやフィンテックの台頭が、銀行と企業の顧客接点にも影響をもたらし始めている。

　たとえばトランザクションバンキング（前述のキャッシュマネジメントや貿易金融を指す）においては、顧客接点をめぐってさまざまな「プラットフォーム」が登場している。先述のTMSはその一例であり、私たちがグローバル大企業の財務責任者向けに実施したサーベイでも、銀行のポータルではなくTMSをメインの財務管理・取引チャネルとしている企業の数は、年を追うごとに増えている。ほかにも、貿易金融において、買い手と売り手、銀行、および輸送業者を電子的につなぎ、請求書の発行、支払、消込み等をプラットフォーム上で行えるようにするシステムなどが出てきている。

　市場性商品（為替・金利・株式等のトレーディングやセールス）の領域でも、昨今、電子化や自動化が大きな話題になっている。象徴的な事例としてよく取り上げられるのはゴールドマン・サックスのトレーディング業務だ。同社の本社にはかつて600人程度の株式トレーダーが在籍していたが、2017年にはわずか2人になったと報じられている。彼らの業務を代替したのは、エンジニアたちが運用する自動売買プログラムである。

　トレーディングの電子化・自動化は、人間の役割や、金融機関（銀行・証券会社）の役割そのものに影響を及ぼしていくだろう。これまでは、その影響を受けてきたのは機関投資家など金融市場のプロ顧客向け取引だったが、近年は企業顧客との取引にもそのインパクトが広がっている。たとえば為替取引においては、従来のように顧客が銀行と電話で取引を行うのではなく、サードパーティの「マルチディーラープラットフォーム」（複数の銀行が提示する為替レートを比較し、取引できるシステム）を介して行うことが一般化してきた。また、企業がコンピュータプログラムによって自動的に取引する「アルゴリズム取引」を導入する例さえ出てきた。

　こうした新しいプラットフォームやデジタルサービスが、顧客とのインターフェース（接点）を押さえ始めている。今後は大企業金融においても、

銀行が異業種との間で顧客接点をねらって競争する時代に入っていくだろう。

　顧客接点を押さえることは、ワンストップサービスの提供や「囲込み」を行いやすくするうえで重要だが、加えて重要なのが「データ」の獲得である。TMSや為替のプラットフォームを提供する企業が顧客接点を担うようになると、やがては貴重な顧客取引データも、銀行に先んじて、かつ包括的に取得できる立場になりうる。実際に、TMSなどは、企業のデータを取り込み、AIも活用しながら財務シミュレーション等を手軽に実施できる機能を積極的に実装し始めている。

　一方で銀行は、顧客との取引履歴やCRMのなかに多様なデータを蓄積してきたが、これらのデータ活用に真剣に取り組んできたとは言いがたい。もし行内データが有効に活用されれば、顧客の経営・財務ニーズの理解や予測のために大きな示唆をもたらしうる。

　仮に銀行が顧客とのデジタル接点を失うとすると、データへのアクセスも限定的になり、提案の際に活用できるユニークな知見も希薄となる。銀行はこれらのシステムを通じて取引実行のみを担う「土管」にすぎなくなり、取引遂行時に初めて呼ばれ、価格で選ばれる存在になる——そんなシナリオさえ近づいているかもしれない。

外銀のオペレーティングモデルとは

　これらの構造的な逆風は、外銀にも多かれ少なかれ同様の影響を及ぼしてきた。ただし、外銀（特に米銀）は、資本規制の強化や顧客企業のグローバル化・財務高度化等の洗礼を受けて、邦銀より一足早く「資金の提供者」から「ソリューションの提供者」への進化を模索してきた。

　欧州銀も、欧州債務危機（ギリシャの財政問題に端を発する、2009年秋～12年頃までの一連の経済・金融危機）や資本規制、マイナス金利政策などに苦しんだものの、その分、危機意識は強かった。10年代の前半からトランザクションバンキングやローンのセカンダリー取引を強化するなど、ビジネスモ

デルを変え始めている。

彼らは具体的にどのような姿を目指しているのか。特筆すべきは以下の5つの項目で、これらは、足踏みが続く邦銀への示唆ともなる（なお、以下の各項目でいう「外銀」とは、米国や欧州におけるトップ5位程度の銀行グループを指している。また、本稿では、外銀の大きなトレンドを解説することを主眼とし、外銀間の差異については詳説しない）。

① 対顧接点では、専門家が活躍

邦銀と大手欧米銀とでは、大企業顧客のニーズをつかみ、提案まで結びつけていく際の組織・体制が大きく異なる。先述のように邦銀ではRMが対顧活動の中心を担うが、外銀では専門家がより前面に出て、顧客との関係を深化させる役割を担うのが一般的である。RMはそのコーディネーターとなり顧客ごとにニーズや取引特性を見極めて、最適な専門家チームを組んで対応している。そうすることで、顧客は複雑な課題をワンストップで相談でき、銀行にも複合的な提案へと結びつけやすいというメリットが生じる。

また、外銀は高度な顧客ニーズに応えるために、専門家チーム（プロダクト部門）を強化するモデルをつくってきた。特徴的なのは以下の3つだ。

1つ目はプロダクト部門がプロフィットセンターとして収益責任を負い、その一環としてシステム投資の意思決定や責任も担うことだ。そのことによって、"売れるプロダクト"を開発するインセンティブが直接に働く。邦銀はその逆で、RM部門が収益責任を負い、プロダクト部門はシステム投資の権限もない場合がある。結果、「売るためによいプロダクトを開発する／よいプロダクトを開発したから売る」という循環が生まれにくい。

また外銀では、プロダクト部門をグローバル組織にして、各プロダクト部門のグローバルヘッドが予算・資本配分などの責任を担うことが多い。そうすることで、多国籍化した顧客企業に対し、一貫した商品・サービスを提供しやすくなる。

2つ目はプロダクト部門内に対顧チームをつくっていることだ。邦銀ではRMに集中している対顧接点を、プロダクト部門にも広げ、銀行として多面

的なリレーションを築くようにしている。なお、外銀は銀行組織のなかに投資銀行（インベストメント・バンキング）部門を有していることもあり、商業銀行側のRMと投資銀行側のカバレッジが、顧客リレーションを分けもつ構造となっている。

3つ目は、高度なソリューションを、顧客への「アドバイザリー」として提案・提供する専門部隊をもっていることだ。たとえば、為替・金利リスクのヘッジスキームを提案するストラクチャードソリューションチーム（デリバティブの専門家チーム）や、資本効率の改善につながる助言を無償で提供するワーキングキャピタルソリューションチームなどがあげられる。

② 「総合採算」の規律に基づき、顧客戦略を立案・実行

外銀は資本規制強化などに呼応して、「ソリューションの提供者」への進化を模索している──これは裏を返せば、顧客に対しより多様な商品・サービスを提供しないと、費消した資本のコストをカバーできなくなってきたことを意味する。つまり、低金利・高資本コスト環境下では、貸出ビジネスは単独で魅力的な機会ではなくなり、顧客に提供するトータルパッケージの一部としてのみ意味をもつ、という位置づけに変わってきているということだ。顧客にとっては、複雑化する経営・財務課題に関し、銀行をソリューションパートナーとして活用できるようになった、ともいえる。

このようななか、外銀が重視しているのは「総合採算」である。その内容は具体的には「バランスシート活用の規律」と「アカウントプランの徹底」だ。

バランスシート活用の規律とは、銀行が顧客に「バランスシートを使う」（リスクアセットを費消する）場合、その顧客に複数のプロダクトを提供し、包括的な関係を築くことを前提とする、という考え方である。銀行によっては、「Balance of Trade」（直訳すれば貿易収支、つまり取引の「ギブアンドテイク」のバランス、互恵性）を厳密に計測し、仮に収支が「アンバランス」と判断されたら、取引関係の見直しを徹底する、という運用を行う銀行さえある。この場合の銀行からの「ギブ」とは、バランスシートのほかに、無償の

情報提供やアドバイス等が含まれている。

　加えて外銀では、各顧客がグローバルにどのような課題を抱え、銀行のどのようなプロダクトやサービスによってそれを解決しうるのか、半期や四半期の単位でレビューする「アカウントプランニング」を徹底している（図表5－3）。またそれを行うために、顧客がすべての金融機関に支払っている手数料や金利支出の全体像（ウォレットサイズ）や、自行や競合行がそのうちどの程度を獲得しているか（ウォレットシェア）を、さまざまな情報ソースから割り出している。そして、ウォレットシェア分析をもとに、顧客に対し定期的に面談の機会をもち、直接質問・議論を行うことも、アカウントプランの前提だ。

　それに対して、邦銀では、バランスシートの規律やアカウントプランの策定は概念としては存在するものの、運用は必ずしも徹底されていないことが多いようだ。そもそも、プロダクトの競争力が十分に強くなかったり、プロダクト部門との連携が不十分だったりすることで、貸出から派生取引へとつなぐことを徹底しきれない場合も多い。

　しかしながら、すべての大企業顧客に多様なプロダクトを紹介してトータルリレーションを築くことは不可能である。そのため、外銀はアカウントプランを通じて「得意な／大切なお客様に資源を集中する」ことを進めてきたのだが、これは邦銀のあまり得意としない考え方だろう。

③　グローバル軸での組織運営と、それを可能にするIT基盤

　アカウントプランを策定したり、実践したりしていくうえでは、大企業顧客の採算を包括的に（プロダクト横断・グローバルで）把握・管理できることが前提になる。

　しかし外銀においても、顧客単位での取引や収益、配賦資本等のデータを、国や法人をまたいで管理することは容易ではない。特に、グローバルにビジネスを展開している銀行であるほどその難易度は高くなる。

　そこで一般的に行われるのは、最低限、グローバルな大企業顧客向けには上述のようなデータ基盤を整えてグローバルに採算を管理する、というやり

方だ。たとえばHSBCは、伝統的には地域や国ごとの自律性が強かったが、過去5～10年間で、大企業部門のグローバル管理を大胆に推し進めてきた。シティバンクも、リーマンショック後は、各国・各法人の自律性を弱め、本国・本社からの統制を強めてきた経緯がある。

このようなグローバル管理によって、RMやプロダクト部門に対し、国やプロダクトをまたいだかたちでの目標・KPI（主要業績評価指標）を設定できるようになる。たとえばRMについては、担当顧客の海外収益をダブルカウントのかたちで評価するだけでなく、収益性（ROE（自己資本利益率）やRORAC（リスク調整後資本収益率）等の指標）に関しても目標を課すことが一般的になってきた。またプロダクト部門についても、グローバルに資本配賦の権限と収支責任を負わせることで、プロダクト単位でのリターンを最大化するようにしてきた。

RMが資本効率の低いローン商品ばかりを売っているとペナルティが発生するような業績評価体系を導入している外銀もある。この場合、ローンはあ

図表5－3　アカウントプランの仕組み

アカウントプラン策定のために、顧客ウォレットや採算を分析

CRM

財務情報

取引履歴

その他、顧客に関する多様なデータ・情報

（出所）　BCGプロジェクト

アカウントプラン策定会議で方針を決定

・RM・プロダクト部門間で、各重点顧客につき、ファクトベースで方針を議論・決定
・会議では、データ分析の結果が共有され、顧客の経営課題や提案の方向性について深い水準の議論が可能

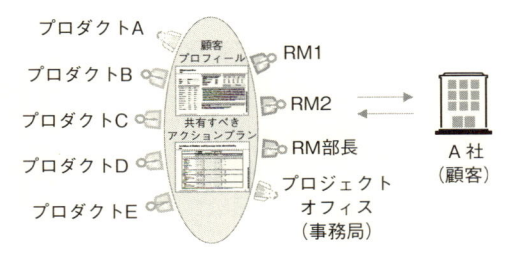

プロダクトA
プロダクトB
プロダクトC
プロダクトD
プロダクトE

顧客プロフィール
共有すべきアクションプラン

RM1
RM2
RM部長
プロジェクトオフィス（事務局）

A社（顧客）

くまで「他のプロダクトを提供するためのエントリーチケット」という位置づけであり、他のプロダクトをいかに提供できたかがKPIになっている（図表 5 － 4 ）。

加えて、最近はRM等にデジタルツールを提供し、グローバルにアカウント別の採算管理や案件管理を促進する事例も出てきている。たとえば、RM向けに顧客別・プロダクト別・国別の取引や収益のダッシュボードを提供することも一般化してきたし、上述の「Balance of Trade」を可視化し、RMに次の行動を促すようなツールを開発している銀行もある。

④　セクター別知見の獲得に投資し、横展開

邦銀でも外銀でもRM組織は産業セクター別になっていることが一般的だ

図表 5 － 4　米系銀行における収益管理の仕組み

貸金の位置づけ
・RMの目標は資本効率性を死守するという前提条件のなかで収益を最大化すること
・そのため、貸金は最終手段であり、他のビジネスをとるための虎の子→ただし、十分な手数料収入が確保できるストラクチャード・ファイナンスは別
・資本効率性の悪いRMは、絶対収益が低いRMと同程度に非難、評価に反映される

貸金からの派生取引を最大化する仕組み

ローンへのペナルティー

通貨ごとにローンに対するペナルティーが設定され、残高に対してマイナス・レベニューが課される

xx年xx月のLiquidity Premium
USD：－150bps
EUR：－110bps
JPY：－80bps

Funding Cost／目標リターンをもとに設定
・新興国通貨はペナルティが低い傾向

RMはマイナスからスタートする管理会計上のレベニューを、マーケット商品やトラバンでいかに取り戻せるかが勝負

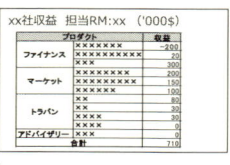

資本効率性評価の徹底

RORC（Return on Risk Capital）≒リスクアセットに対する収益率を重要指標とし、一定基準に満たない場合は厳しい管理がなされる

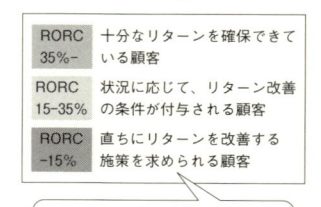

レッドゾーン顧客への措置の例
・審査部から期限付きの改善命令が出される（守れない場合はアカウントクローズという場合も）
・RMの査定（ボーナス・昇進評価）にも大きく影響

（出所）　BCGプロジェクト

が、外銀、特にトランザクションバンキングのような専門性の強い分野では、プロダクト部門にもセクターの専門家を配置することが増えている。これは、セクターごとのニーズに対応した商品やサービスをどれだけ提供できるかが差別化要素になるためである。

　キャッシュマネジメントの分野では、ある外銀は早くからセクターソリューションをつくりだすことを重視し、投資を行ってきた。たとえば、携帯電話のような新しいビジネスが勃興するタイミングで、携帯電話業界におけるサプライヤーファイナンス、売掛債権消込み、多様なファイルフォーマットへの対応、ショップからの回収といった複雑・複合的なソリューションを開発し、主力顧客に提供したのだ。このようなソリューションの開発自体は「赤字」だが、意図的な「R&D」として位置づけられ、その後グローバルの携帯電話事業者向けに「横展開」が図られた。

　このように、時に顧客単位の採算ではなく、セクター単位・プロダクト単位の複数年にまたがる採算を追う試みが必要とされる。そのためには、これまで述べてきたような、プロダクト部門がROIに責任をもつ仕組みや、採算を可視化するデータ基盤等が必要となる。

⑤　自行にしかないデータを使って、顧客より早く示唆を出す

　上述のとおり、顧客との取引の「面」を押さえることが、今後の銀行ビジネスにおいて重要になる。外銀では、大企業顧客向けの「プラットフォーム」を通じて、顧客がシステム上で行った取引などをリアルタイムで追跡し、将来キャッシュフロー予測やリスクシミュレーションを行うエンジンを搭載するようになっている（機械学習を活用することも多い）。

　またそれをもとに、顧客に対して、キャッシュ・コンバージョン・サイクルの最適化や、リスクヘッジの提案などの「アドバイス」を行う機能まで付加している場合もある（これは、電子プラットフォーム上で顧客にアドバイスを行う場合もあるし、RMが対面でアドバイスを行うために行内向けに示唆を取りまとめる場合もある）。

　さらに、TMSを銀行内で開発して、それを顧客に無償で提供するかわり

に顧客データへのアクセスを得て、それを提案等に活用している外銀もある。あるいは、TMSを含む財務シミュレーションツール等を提供するベンダーやフィンテックと提携し、顧客企業に対しそれらサービスの導入を支援し、財務課題を見える化させることで取引機会拡大をねらう欧州系銀行もある。

また、「ウォール街のGoogle」を標榜するゴールドマン・サックスは、商業銀行分野に進出するにあたって、デジタルプラットフォーム「Marquee」を活用する予定と報じられている。これも顧客の「面」を押さえるアプローチといえる。

このように、データを活用して、顧客自身もまだ認識・評価できていない課題やニーズを浮彫りにすることは、銀行にとって顧客との対話や囲込みの糸口となる。そのために顧客向けのデジタルツールに投資したり、フィンテック企業などとチームアップしたりして、複雑化するニーズについていこうという姿勢が、今後はより重要になるだろう。

邦銀が大企業金融の領域で目指すべきモデル

外銀の取組みをふまえ、邦銀は今後どのような方向性を目指すべきなのか。そのことを考えるうえでカギとなるのは、大企業顧客のニーズや取引が今後どのように変化していくかということだ。すでに述べたように、企業活動の複雑化により、日本企業も財務管理のあり方を変えていく段階に入っている。従来は一部のグローバル大企業が主要ターゲットであったキャッシュマネジメントやヘッジ取引、M&Aやグローバル資金調達といった専門的なサービスを、いまや裾野の広い日本企業が必要とする時代になった。

したがって邦銀としても、「ソリューションの提供者」へと脱皮していくことが求められているはずであり、これまで述べてきた外銀の取組みは参考になるだろう。その観点から、邦銀が当面目指すべき方向性として、以下の4点をあげておきたい。

1点目は、顧客管理の単位を可能な限りグローバル化することだ。顧客企

業において、事業がグローバル化するなかで、東京やその他のハブ拠点から財務を集中的に管理する意向が徐々に強まっていることから、邦銀としても対応をグローバル化していくことは不可欠だろう。そのためには、かつてHSBCやシティバンクが試みたように、拠点単位の管理を、徐々にグローバルの横軸管理へとシフトさせていく必要がある。それによって、国をまたいで資源配分を最適化することが可能となるからだ。

　2点目は、RMとプロダクト部門間に緊密な協働環境をつくっていくことだ。邦銀のプロダクト部門は、RMの後ろに控えて案件に応じて協力を行う役割を果たしてきた。今後は、プロダクト部門も主導的にアカウントプランニングに参画し、有望な顧客やプロダクトに対しては（アカウントプラン等を通じて）投資等の意思決定まで担う役割へと進化していくべきだろう。

　なお日本では法令上、証券（投資銀行）や信託のプロダクトについてはエンティティ（法人）が分かれており、協働に制約がある側面もある。この点について、米銀では、指揮命令系統の主軸はエンティティでなく「法人部門」などのビジネスユニットに置き、エンティティのトップは主に法令対応等に責任をもつ、という役割分担をとることが多い。欧州銀も、大企業顧客に対してはビジネスラインの判断を優先させられるように、仕組みを工夫している。邦銀においても、顧客ニーズの全体像をふまえて商品横断・国横断的にソリューションを提供していくためには、エンティティをまたぐかたちで、資源配分や人事の意思決定を行う工夫が必要となる。たとえば、顧客によっては、銀行RMではなく他のエンティティの専門チームが顧客接点の主軸を担うような分担も必要と考えられる。

　そして3点目は、プロダクト開発・提供のためのITシステム投資やサービスチームづくりを、グローバルな単位で行うことだ。邦銀では、伝統的にIT基盤を地域ごと・国ごとに整備してきたため、そもそも同じプロダクトやサービスを、地域をまたいで提供することのハードルは非常に高い。しかし、顧客側がグローバルに一貫したサービスを求めるようになってきた以上、邦銀も運営を変えていく必要があるだろう。

最後に、銀行の「規制業種ならではの信用力」を有効に活用することも、今後の方向性として考えられる。銀行は、厳格な規制やコンプライアンスに真摯に向き合っているからこそ、信用されている面がある。たとえばAML/CFT（マネー・ローンダリングおよびテロ資金供与対策）の徹底は、銀行ならではの取組みであり、フィンテック等がカバーするにはハードルの高い要素である。

　もちろん、規制対応・コンプライアンス遵守には、ITシステムやオペレーション面を含めて大きなコストがかかる。そのため従来は「規制が出たら否応なしに検討する」という、後向きの対応が多かったのではなかろうか。しかし、今後はそれを強みに昇華させていくという考え方もありうるだろう。

　たとえば近年、「レグテック」（レギュレーション（規制）とテクノロジー（技術）を掛け合わせた造語）と呼ばれる規制関連のテクノロジーソリューションが多く出てきており、規制対応に係るコストや労力を削減することができるようになった。このようにテクノロジーも援用し、「他行よりスムースなKYCプロセスの実現」「他行より多くの顧客取引の実現」といった「攻め」のコンプライアンスの考え方もありうるのではないか[1]。

　加えて、邦銀には一部の欧米銀と比べた際の優位性もある。たとえば、アジアにおける拠点網や、バランスシート提供の余力、信用格付けなどだ（日本のメガバンクは、一部の欧州銀より格付けが高い場合がある）。邦銀は今後、非日系顧客にも積極攻勢をかけていくことが重要だが、これらのポイントは非日系企業からみて邦銀が頼れる存在となるための糸口になりうるものだ。

　留意するべきは、邦銀に開かれている「機会のウィンドウ」がいつまでも開いているとは限らないことである。外銀は「ソリューションの提供者」として日本企業にも猛烈にアプローチしている。筆者がコンサルティングの業務のなかで見聞した範囲でも、邦銀の気づかないところで、外銀に取引を奪

1　こうした取組みについては8章も参照していただきたい。

われている事例は意外なほど多い。さらに、金融危機や規制強化により、バランスシートや拠点網の拡大を控えてきた外銀も、反転攻勢をうかがっている側面は多分にある。変茸のペースを上げていけるかどうかが、邦銀の今後の生残りへの分水嶺になるだろう。

6章

チャネルの未来

序　章

6章　チャネルの未来

1章 決済の未来	2章 個人向け 貸出の未来	3章 個人向け 運用の未来	4章 中小企業金融 の未来	5章 大企業金融 の未来

7章　IT／オペレーション／事務の未来
8章　リスク管理の未来
9章　人材・人事の未来
10章　働き方の未来

チャネル改革は日本でも20年近く前から意識されてきた課題であり、メガバンクをはじめ邦銀も本腰を入れ始めている。だが、現状の成果は十分とは言いがたい。チャネル改革には銀行経営の多くの側面が含まれており、実質はチャネルという切り口から銀行のあり方そのものを変える取組みに他ならないためだ。

　この章では、リテールバンキングを中心に、顧客接点のあり方をどう変えていくべきか、その未来像をさぐるとともに、邦銀のチャネル改革に立ちふさがる典型的な課題について考察する。

ネットカフェのような店舗で「タブレット接客」

　ここ数年、キャッシュレス化が急速に進むスウェーデンやオランダなどで次世代型の銀行店舗が増え始めている。

　次世代型店舗といっても地域や市場の特性に応じてさまざまな形態があるが、多くは機能を絞り込んだ軽量店舗で、通常の銀行店舗にあるようなカウンターはない。現金、金庫、用紙もない。かわりに洒落たテーブルやゆったり座れる椅子のほか、無料で利用できるコーヒーメーカー、テレビモニター、PC、タブレット端末などが用意されている。店内の内装や照明も洗練されていて、そこが銀行であることを忘れてしまうほどだ。実際、フリースペースで友人との会話を楽しんでいる人や、リラックスした様子でコーヒーを飲んでいる人がいる。いずれも、従来型の店舗ではみられなかった明るい光景だ。

　異なるのは見た目だけではない。従来型店舗にはよく「待ち時間が長い」「頼りになる金融の専門家がいない」といった不満が寄せられるが、デジタル技術や機器を取り入れた次世代型店舗ではこうした不満は解消されている。というのも、こうした店舗では、誰に（もしくは何に）対応してもらうか、という対応オプションを自身で選択できる。次世代型店舗でのやりとりはATMではなくオンラインバンキングがベースになっていることが多く、自分で操作したい人は自分で操作できる。また、遠隔地にいる専門家と電話

やビデオ通話、またチャットで会話することも可能である。

　たとえば、新しい口座を開設したければ店内にあるPCやタブレットを使い、オンライン上で手続を進める。わからないことや相談したいことがあれば、サービスメニュー画面の「電話」「チャット」といったアイコンをクリックして担当者を呼び出す。ゆっくり話す時間がなければ画面上で担当者のスケジュールを確認し、別の日時に面会の予約を入れる。仕組みが複雑な金融商品について相談をしたいときには個室に入り、その分野に精通する専門家とビデオチャットをする、といった具合だ。

　次世代型店舗は「自由にオンラインバンキングができるセルフサービス式のネットカフェ」に近いが、異なるのは、人による対応を望む顧客には行員が「何かお困りのことはありませんか」「機器の操作などでわからないことはありませんか」などと寄り添ってくれることだ。まるでホテルや百貨店のコンシェルジェのような迅速・丁寧な接客だが、それを可能にしているのもデジタル技術や機器である。

　たとえば、顧客の待ち時間をゼロにするため、顧客の来店予定日時やスマホの位置情報をふまえて「来店直前に行員が身につけている腕時計型情報端末にアラートが表示される」などの設定をしている例がある。

　また、担当者が不在でも、顧客のアカウント情報や、取引・コンタクトの履歴が一元化されたデータベースにアクセスできるようにしてあれば、どの行員も同じ理解度で顧客に接することができる。従来型店舗では顧客が来店するたびに自分のことをよく理解していない別の行員が出てきて一から説明しなければならないことも多く、顧客の不満の1つにもなっているが、次世代型店舗ではどの対応オプションを選んでも連続性のある対応が確保される仕組みが構築されている。

　以上のような次世代型店舗はまだパイロット（試行的）店舗といった位置づけだが、キャッシュレス化やデジタル化が進展している国では近いうちにこのタイプが主流になるとみられる。

店舗チャネルとデジタルチャネルの主従関係が逆転

　伝統的な銀行にとって「店舗」はリテールビジネスでの競争力を左右する重要な取引チャネルだが、チャネル全体（店舗、ATM、コールセンター、オンラインバンキング、スマホアプリなど）を見渡したときの店舗の位置づけはここ10〜15年ほどの間に大きく変化している。

　顧客にとっての銀行との接点は「基本は支店で。オンラインバンキングで対応できる取引ならオンラインも使う」という店舗中心のモデルから、「基本はスマホで。対面で相談したいときにだけ、支店へ」というモバイル中心のモデルへと移行しつつあり、いわば主従関係の逆転が起こっているのだ。また、デジタル接点の開発のなかでもPC向けオンラインバンキングではなく、スマホ向けモバイルバンキングに主眼が置かれ、日常取引はもちろん、資産運用に関する機能も充実させる方向で開発が行われている。

　世界中の銀行がオンライン／モバイルバンキングに力を入れる裏で、店舗への来店客は急速に減少している。オンラインバンキングを前面に押し出し、店舗の数や機能を削減していけば、顧客が店舗に足を向ける機会はますます減る。それに当然のことで、インドのある銀行では毎年来店客が2〜3割減り、日本の3メガバンクでもここ10年の間に3〜4割減少したと報じられている。

　これに伴って、銀行の店舗数は世界全体で減少傾向にある。世界銀行の試算では、OECD諸国では、成人10万人あたりの銀行店舗数は2009年の26.4店舗から16年には23.6店舗と約11％減少している。特に欧州諸国ではこの傾向が大きく、09年の34.7店舗から16年には27.5店舗へと、21％も減少している。

　もっとも、オンラインバンキングが拡大しても貴重な対面チャネルである店舗を完全に切り捨てることはできない、むしろその強みを最大限生かす、というのが多くの銀行の考えだ。

　というのも、一定数の顧客が、初めて金融商品に投資する際、また複雑な金融商品への投資や住宅ローンの申込みなどでは対面でのコミュニケーショ

ンを重視したいと考えていること、特に新規になんらかのアクションを起こすときはその傾向が強く、店舗シェアと新規顧客の獲得シェアはほぼ比例することが明らかになっている（図表6-1）。この調査はフランスのチームが行ったものだが、日本でも同様の傾向がみられる。顧客は自ら接点を求めないものの、近くに店舗があることについては安心感を覚えているのだ。

そこで多くの銀行ではデジタル化によって店舗内の省人化や省スペース化、事務の効率化を図りつつ、店舗を金融相談に特化したチャネルとして設計し直している。そうした経緯のなかで一種の進化形として生まれてきたのが冒頭のような次世代型店舗だ。広い敷地に小売店、ギャラリー、キッズルームを併設し、不便・退屈・堅苦しいといった従来型店舗のイメージを覆したドイツ銀行のパイロット店舗「Q110」などを原型とするが、最新型は小型・軽量のキャッシュレス店舗、デジタル店舗として世に出てきている。

これまで多くの銀行では「高齢者には自宅近くの店舗で行員が対応、平日忙しいサラリーマンや若者にはオンラインバンキングのセルフサービスで」といった具合に複数チャネルを使い分ける「マルチチャネル戦略」を採用していた。しかしそれでは、店舗チャネルのほうでは平日来店できない顧客との接点が小さくなり、オンラインバンキングのほうでは対面で相談したい顧客との接点が乏しくなる。また、結局のところあらゆる銀行がすべての顧客を対象にすべてのチャネルを提供している、という状況にあり、差別化ができているとは言いがたい。

私たちが行った研究では、2025年の銀行のサービスモデルは、誰もが、「いつでもどこからでも」ストレスなく快適に取引ができる「ユビキタス」ともいえる姿を目指すべきだと提案している。このモデルでは、デジタルチャネルを主軸としつつ、現在とはまったく異なる形態の店舗で人対人、もしくはリモートでのサービスが提供される。そのなかで、顧客は自動ルーティング（経路制御）機能により、それぞれのやりたいことや嗜好に応じ、最適な対応オプションに誘導される（図表6-2）。

どういった要素がそれを可能にするのか、概要を図表6-3にまとめた。

図表6－1　アクセスしやすさと店舗数は、いまだにメインバンクを選ぶ際の最も大きな理由

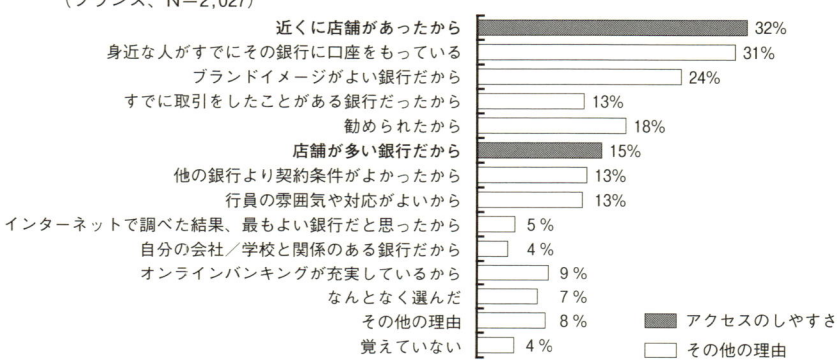

アクセスのよさはいまだにメインバンクを選ぶ最も大きな理由

あなたがメインバンクを選んだ理由として最も当てはまるのは次のうちのどれですか
（フランス、N＝2,027）

理由	
近くに店舗があったから	32%
身近な人がすでにその銀行に口座をもっている	31%
ブランドイメージがよい銀行だから	24%
すでに取引をしたことがある銀行だったから	13%
勧められたから	18%
店舗が多い銀行だから	15%
他の銀行より契約条件がよかったから	13%
行員の雰囲気や対応がよいから	13%
インターネットで調べた結果、最もよい銀行だと思ったから	5%
自分の会社／学校と関係のある銀行だから	4%
オンラインバンキングが充実しているから	9%
なんとなく選んだ	7%
その他の理由	8%
覚えていない	4%

■ アクセスのしやすさ
□ その他の理由

地域を細かく区切ると、各銀行のその地域におけるATMのシェアと浸透率には相関関係あり ^(注1)

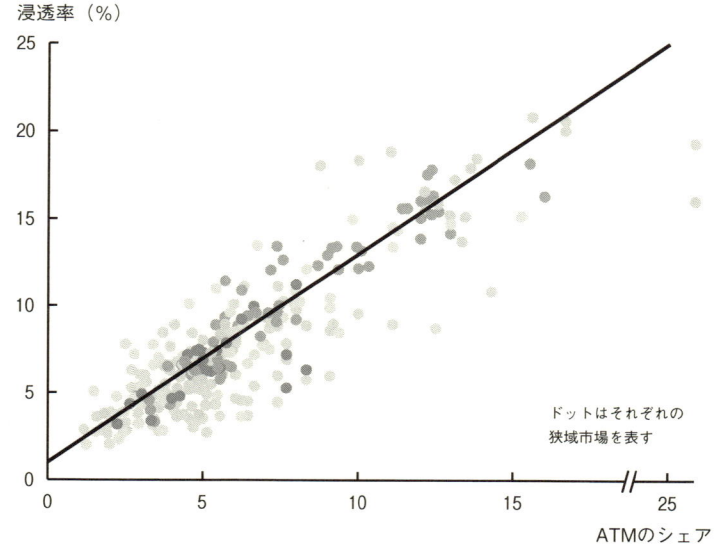

浸透率（％）

ドットはそれぞれの狭域市場を表す

ATMのシェア

（注1）　欧州の銀行が対象。
（出所）　BCG 調査「Retail Banking Distribution 2025」（Pierre Roussel, Philippe Soussan）

接点のバリエーションがさらに増えるとともに、AIやオンライン／モバイルバンキングのセルフサービスチャネルによるサービスと、人間によるサービスをつなぎ目なく提供できるようになる。さらにパーソナライゼーションにより、一人ひとりにあわせてカスタマイズされた商品・サービスを、「銀行」の枠を超えた接点を通じ、顧客の生活に密着したかたちで提供できるようになる、というのがその大枠だ。海外には独自のビジョンを描いて動き出している銀行もあるなかで、邦銀はどのように一歩を踏み出すべきだろうか。

チャネル改革は「銀行改革」

チャネル改革は日本でも20年近く前からずっと意識されてきた課題で、メガバンクをはじめ邦銀も本腰を入れ始めている。だが、現状の成果は十分とは言いがたい。

邦銀ではモバイルバンキングの開発・活用が一歩遅れているのも、その一因だ。また、日本ではキャッシュレス決済も社会全体に十分浸透していないといわれている。銀行の取組みが不十分だからオンラインバンキングやキャッシュレス決済の浸透が遅れているのか、それとも日本人固有の特質なのか——卵が先かニワトリが先かの議論になる。

だが、チャネルの改革が思うように進まない要因の一端が銀行側にあるのは確実だ。チャネル改革には銀行経営の多くの側面が含まれており、チャネルという切り口から銀行のあり方そのものを変える取組みまで展開することが多いためだ。チャネル改革は、チャネルの位置づけや顧客接点のあり方を再設計したうえでいまの顧客にあわせたサービスモデルを再構築し、それを実現させるためのインフラや機能を整備する、という流れで進めていくが、その過程で多種多様なコンフリクト（衝突）やトレードオフ（両立困難な関係性）が生じるため、担当部署だけで進めていくことはほとんど不可能だ。

各チャネルの位置づけや役割を再定義する

店舗、ATM、コールセンター、オンラインバンキングなど各チャネルの

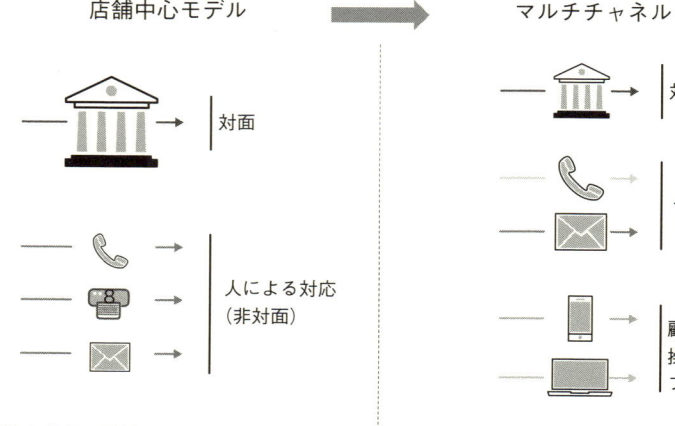

図表6−2　店舗中心・マルチチャネルからカスタマージャーニーごとに最適化

店舗中心モデル　→　マルチチャネル

対面

人による対応
（非対面）

対面

人による対応
（非対面）

顧客自身で
操作（セル
フサービス）

・顧客と銀行の関係の要は店舗
・他のチャネルはサポートもしくはバック
　アップの位置づけ

・顧客は異なるチャネルが利用可能だが、
　チャネル間の連携は限定的
・顧客がチャネルを選択。チャネルにより対
　応は異なる
　→店舗：対面
　→コンタクトセンター：人による対応（非
　　対面）
　→Web／モバイル：顧客自身で操作

（出所）　BCG 調査「Retail Banking Distribution 2025」（Pierre Roussel，Philippe Soussan）

位置づけや役割があいまいだと、改革は動き出さない。顧客や取引のタイプ別にどのような接点をもつべきかを考え直すことがチャネル改革の第一歩となる。

　図表6−4はその一例である。この例ではモバイルなどのデジタルチャネルを顧客とのやりとりの要としている。店舗は投資アドバイスや営業など付加価値の大きい活動に焦点をあわせ、取引後の各種変更や情報提供は行わない。Webチャット等を含めたコンタクトセンターの役割を拡大し、電話な

された対応オプションへの誘導へ

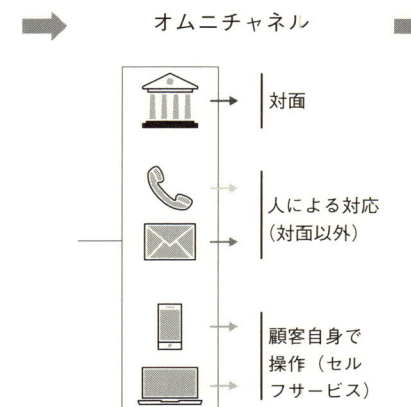

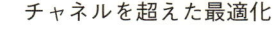

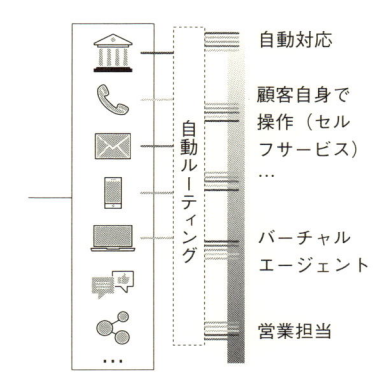

オムニチャネル　　　　　　　チャネルを超えた最適化

- 対面
- 人による対応（対面以外）
- 顧客自身で操作（セルフサービス）

- 自動対応
- 顧客自身で操作（セルフサービス）…
- 自動ルーティング
- バーチャルエージェント
- 営業担当

・連携されたチャネル：顧客に自身の嗜好や制約に応じてチャネル間を移行
・顧客は自身のニーズによりチャネルを切り替える。これまでのやりとりの履歴は共有されている
　→店舗：対面
　→コンタクトセンター：人による対応（非対面）
　→Web／モバイル：顧客自身で操作

・顧客接点の増加（例 新しいデバイスや、APIを通じて利用できる外部のサービスなど）
・顧客はジャーニーに沿って、自身の嗜好にあったやりとりを行う。リクエストは**自動ルーティングシステム**により最も適切な対応オプションに誘導される
　→完全自動対応から、AIにサポートを受けながら対応する営業担当までさまざまなオプション
　→AIを活用した自動ルーティングシステムが対応コスト、顧客の嗜好、リクエストの性質等をベースに対応オプションを決める

どを通じた、非対面での投資アドバイスや営業を推進するというかたちにしている。

新たなサービスモデルを構築する

　チャネルの位置づけを再定義する過程では、サービスモデルも再構築していかなければならない。そのためには、デジタル、ATM、コンタクトセンター、店舗チャネルそれぞれの役割に応じたインフラの整備や機能開発、さらには顧客を取引のタイプに応じて適切なチャネルに誘導する工夫も必要と

図表6−3 「いつでもどこからでも」アクセス可能な銀行へ

デジタルとパーソナライゼーションに軸足

現　在		2025年	
マルチチャネル	銀行内外のさまざまなデバイス、サービスを通じた**接点の複層化** ・アプリ、IoT、SNS、店舗… ・「年1回の来店」から、「毎日1回のログイン」へ	顧客ニーズに沿ったサービスモデルのさらなる差別化 ・マス層へのサービス提供はモバイル中心のシンプルなサービスモデルへ ・マス層向けと富裕層向けで価値提供を大きく変える
差別化 されていない サービスモデル すべての商品・サービスを、ほとんどの顧客に、すべてのチャネルを通じて提供	**チャネル間、人とマシン間の境目が薄れる** ・テクノロジーの活用によりかつては人間にしかできなかった業務も自動化されるが、重要なポイントでは人対人のコミュニケーションが選ばれる ・顧客自身の操作や自動化された操作から、バーチャルエージェント、マシンにサポートされた人間まで、すべての接点が連携し、境目なくつながる	データアナリティクスの活用により、パーソナライゼーションを実現 ・カスタマージャーニーに沿った1対1のパーソナライゼーション（チャネルの選択、最も好ましい次のアプローチなど） ・カスタマイズされた商品、価格
銀行の商品・ エコシステム中心 ・貸出　　・決済 ・預金　　　： ・住宅ローン	**すべての顧客が、すべての接点ですべての対応オプションを使えるようになる** ・店舗やコンタクトセンターでは人が対応、モバイルやWebのチャネルは顧客自身での操作、と決まっていたが… ・テキスト、音声、ビデオ、人、自身での操作――すべての対応オプションを、すべての接点（モバイル／PC、電話、店舗等）で利用できるようになる	**リーチの拡大と顧客の生活との融合** ・リーチの拡大：アプリや、サードパーティを通じた商品提供 ・銀行のエコシステムを超え、顧客の生活上のニーズを上流からとらえる

（出所）　BCG 調査「Retail Banking Distribution 2025」（Pierre Roussel, Philippe Soussan）

なる。

　高齢の顧客を多く抱える邦銀にとってデジタルチャネルやセルフバンキングへの誘導は大きな課題となる。多くの銀行では努力をする前に「高齢者を誘導するのはむずかしい」と諦めてしまう。しかし手をこまねいていると取

返しがつかなくなる。北米ではいまタブレットを使うシニアが増えている。今後、日常生活のなかにデジタルが深く入り込んでくるのは確実で、「10年後のシニア」は「いま私たちがイメージしているシニア」とは大きく異なるはずだ。それを見越し、先進的な外銀ではすでに「高齢のスタッフを店頭に配置し、高齢の顧客にデジタルバンキングのやり方を教える」「それによって顧客の共感を得る」という取組みをしている。

　コールセンターを活用することもできる。デジタルバンキングに対応できない顧客を能動的にアプローチしてサポートすることや、データ分析をふまえて相談ニーズのありそうな顧客にアプローチする役割をコールセンターが担うことにより、アウトバウンドの側面が強まり、担当人員のスキルチェンジも必要となる。

　また、デジタルチャネルへのシフトを促進させるには、デジタル経由の手数料を安価に設定するなど顧客へのインセンティブをつける必要がある。しかしプライシングを見直そうとすると収益が減る部門の反対にあう。顧客に対して十分なインセンティブを与えられない状況ではチャネルシフトにはつながらないため、反発を押し切る覚悟で意思決定をしなければならない。

　よく問題になるのは、個人顧客と法人顧客の接点のすみ分けである。店舗は基本的には個人向けのチャネルだが、実際には法人顧客も店舗ベースで営業担当がついていることが多い。したがって、個人部門のチャネル改革のなかで店舗の閉鎖や機能の削減を断行すると法人部門と衝突する場合がある。法人部門が「店舗のこの機能は必要だから削らないでほしい。コストは自分たちが支払う」といっても、それが通るとは限らない。店舗の軽量化を進めるには個人・法人顧客の対応拠点を切り分けるのが有効だが、相互の業務に対する理解度が低下したり法人顧客からの不満が増えたりして、かえってコスト効率が悪化することもあるため、複雑な部門間の調整が必要になる（企業向け金融の顧客接点については4章、5章と106ページのコラム参照）。

デジタル／テクノロジーへの投資

　これまで多くの銀行では店舗にとって、ATMにとって、コールセンター

図表6-4 新たなチャネルヒエラルキーを構築

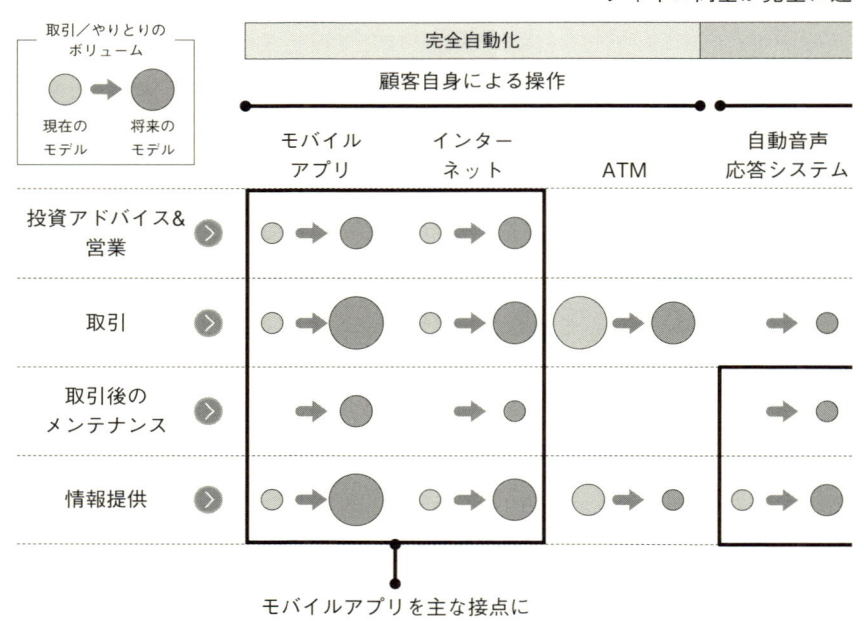

チャネル同士が完全に連

モバイルアプリを主な接点に

（出所）　BCG 調査「Retail Banking Distribution 2025」（Pierre Roussel, Philippe Soussan）

にとって、それぞれいちばん都合のいいシステムを構築し、徐々に機能を追加していった経緯がある。いろいろなシステムが同時に走っていて、整合性のとれない状況になっているのが実情だ。つまり多くの銀行では「どのチャネルから入っても同じ顧客体験が実現できる」インフラを構築できていない。チャネル改革を一気に進めるにはデジタル機能を強化する必要があるが、それには投資が不可欠になる。

　投資の可否の判断も、これまでとは変えていかなければならない。従来の銀行では「一つひとつの機能の効率化余地」をベースにROI（投資利益率）を判断していたが、機能を細かく定義すればするほどできあがりの機能が不完全になりやすく、結果、顧客に理解されず、ねらいどおりのROIを出せな

携し、境目なくつながる

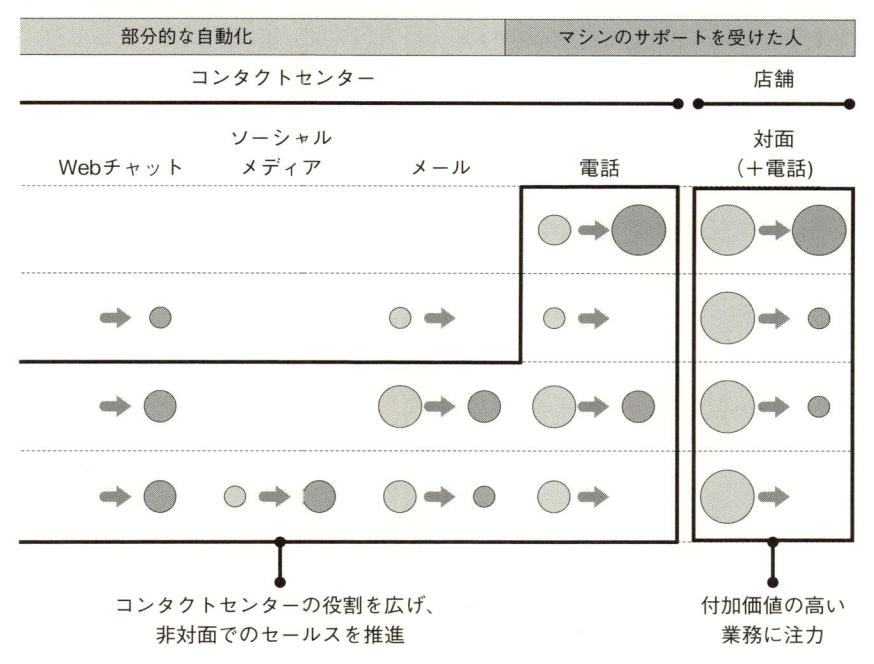

部分的な自動化	マシンのサポートを受けた人
コンタクトセンター	店舗

Webチャット　ソーシャルメディア　メール　電話　対面（＋電話）

コンタクトセンターの役割を広げ、
非対面でのセールスを推進

付加価値の高い
業務に注力

　いケースが多い。銀行は100％の確信をもてなければ意思決定をしない傾向があるため、ROIが一定水準に達しないときには投資を控えることになる。一方、アプリなどは「10程度の機能がそろい、ほとんどのことがこれで可能」という閾値を超えてはじめて使う人が増えるものだ。したがって「一つひとつの機能」ではなく、「全体の塊」として投資の可否を判断しなければならないのだ。

行員に新たなスキルを獲得させる

　冒頭でネットカフェのような銀行が増えていると紹介したが、今後は支店の店頭で顧客自身がPCやタブレットを使って簡単な手続をするのが当たり前になるだろう。それを受け、行員に求められるスキルやパーソナリティー

も大きく変わる。たとえば、今後は顧客にPCの操作を教える、雑談をして親しくなる、相談に応じるといった対人スキル、コミュニケーションスキルを要求されるようになる。

　これは実は大きな変化で、レジ打ちの仕事をするためにスーパーに入った人がある日突然、「主婦の献立の相談窓口になってください」といわれるのに近い。銀行は基本的には「同じ業務を正確にやり続ける」ことが求められてきた組織で、それに慣れた人がまったく違う仕事に対応するのは、口でいうほど簡単ではない。スーパーのたとえでいえば、従来型のレジが無人レジに置き換えられたとき、パートなら辞めてもらうという選択肢があるが、正社員は何か別の仕事を探さなければならない。外銀であればリストラをするところだが、日本は雇用規制がシビアなこともあり、邦銀にはできない。したがって、事務の人材を育て直すことになるが、それも言うは易く行うは難しである。

業績評価体系の再構築

　今後、1つの店舗のなかですべてのサービスを提供できるようになったり、店舗にいる全員が顧客接点をもてるようになったりすると、店舗のスタッフを対象としたこれまでの人事制度や評価制度が機能しなくなる可能性がある。仕事の中身に差が生じないため、「なぜ一般職と総合職の待遇が違うのか」「なぜ出世のスピードが違うのか」「なぜ同じ営業なのに帰宅時間が違うのか」といった不公平感が表出しやすい。

　これまで多くの銀行では店舗別に業績目標を設定し、そこから個人に割り振るなどしていたが、顧客が複数チャネルを使い分けるのが一般的になると、「この顧客から得られた収益は誰の実績になるのか」という疑問が出てくる。最初に電話をかけた人なのか、最後に相談に乗った人なのか。それとも顧客自身がスマホで手続をしているから、誰の実績でもないのか。今後はその手の悩ましい問題が確実に増えてくるので、複数チャネルで1人の顧客との粘着度を高めようとするなら従来の「Aさんはこの店舗の顧客」「Bさんはこの行員の顧客」という考え方を「AさんとBさんは当行の顧客」とい

うふうに改める必要がある。

　先進的な銀行では、銀行全体の目標は掲げているものの、店舗別の目標はすでに撤廃し、かわりに顧客満足度の指標を使っている。全員が顧客を満足させるために動けば、その顧客と銀行とのリレーションが深まり、結果的に銀行にとって収益をあげやすい状態になる、という発想だ。残念ながらまだほとんどの銀行はここに踏み込めていない。この銀行の例では、目の前に目標とする数字がないと一生懸命仕事をしないのではないかというような懸念は杞憂に終わっている。

経営陣のリーダーシップで「経営改革」として進める

　チャネル改革を進めれば進めるほど、さまざまなコンフリクトやトレードオフが浮上してくる。銀行の予定調和型の運営では組織間の利害が相反して物事が進まないときや、従来なかった問題が発生したときに改革が停滞してしまう。特定の部門が最終的な責任を負うかたちになっていると改革はたいてい頓座する。部門を超えた調整や、大きな方針変更は一部門で進められるものではないからだ。その点、外銀では、銀行のあるべき姿、あり方そのものに踏み込むような大改革を進める際には経営トップが「銀行全体を最適化する」という目線で意思決定をする。

　多くの部署が絡み合うチャネル改革は、実質的には銀行全体の経営改革である。「チャネル改革」という名の経営改革をめぐっては、世界中、さまざまな銀行が試行錯誤を続けてきた。日本特有の難しさはあるものの、組織や人の動き方を変えるときのノウハウは世界共通である。それを取り入れることで改革を成功に導くことも可能だ。いまはデジタル技術が進化し、キャッシュレスへの流れも生まれつつある。改革を進めるにはちょうどいいタイミングといえる。経営体力がなくなってから改革をしようとしても、間に合わない。余力のあるうちに手を打てるかどうかが10年後20年後の姿を決めることになる。

リテール向けのみならず、企業向け金融の顧客接点モデルにも変革が必要だ。伝統的な企業向け金融サービスは、顧客とのリレーション構築と強化、顧客の獲得、収益の拡大など、あらゆる場面でリレーションシップマネジャー（RM）の知見と対人スキルに頼っていたが、成長が鈍化し、利鞘が縮小する現在の環境では、このやり方はうまくいかなくなっている。顧客は従来のように面談や電話を通じてRMとやりとりするだけでなく、デジタルチャネル経由で取引の検討から約定まで行うことも増えてきており、リレーションの質とコストパフォーマンスの双方を向上させるためには、より幅広いデジタルツールをきめ細かく整備・活用する必要がある。内容に踏み込んだ紹介は4章、5章に譲るが、ここでは企業向け金融の顧客接点全般についての視点を示す。

デジタルツールを活用した顧客サービスモデルの再構築では、大くくりに2つのモデルが考えられる。デジタルのセルフサービスチャネルを中核に据える**バーチャル型モデル**と、デジタルの支援と人の接点を組み合わせた**デジタルパワースーツ営業型モデル**である。

バーチャル型モデルは、デジタル優先のアプローチである。ユーザーフレンドリーなプラットフォームを通じて、法人顧客はほとんどの取引を企業側の担当者自身で完了させることができる。チャットボット、AIにサポートされたコールセンターなどがそれを助ける役割を果たす。RMによるサービスは定期的なアカウントレビューや、対面のアドバイスが重要なタイミングのみに限られる。

この方向に動き始めているプレーヤーもいる。イギリスのフィンテック企業Tideは、AIを活用したシステムを通じ、スモールビジネスの請求書を自動的にスキャンし分類する処理をより迅速かつ安価に行っている。また、フィンテック企業オンデックは、100以上の公表データベースから収集した2,000以上のデータポイントの分析をスモールビジネスへの融資の意思決定に活用、オンラインベースでリアルタイムの融資を実現している。

対照的に、**デジタルパワースーツ営業型モデル**はRMによるサービスをデジタルの支援により強化するモデルである。さまざまな分析ツールやダッシュボードを備えたプラットフォームを構築し、RMが顧客の数々のニーズに対し、カスタマイズされたプロダクトを提案したり、サービスを提供したりす

るプロセスを助ける。これまでの経験・知見や対人スキルに頼ったやり方に比べ、格段に低コストでRMの経験値に左右されずサービスの質を担保できる。また、ソフトや分析ツールが社内外から自動的にデータを収集、入力してくれることで、RMが直接顧客とかかわれる時間が、質量ともに拡大する。こうしたプラットフォームの詳細については5章で紹介している。

デジタルを通じたサービスとRMによるサービスの最適な組合せをさぐることで、顧客体験を向上させるとともにコスト効率を高めるのが出発点となる。だが、先進的な銀行は顧客セグメント別に差別化された顧客リレーションシップモデルを通じてサービスを提供している。スモールビジネス向けではバーチャル型を中核に据え、中小企業向けには両方のモデルを組み合わせ、大企業向けでは主にデジタルパワースーツ営業型でサービスを提供する、といった具合だ。

どちらのモデルでも重要なのが内部、外部にかかわらず必要なデータを収集・整備すること、そしてハードやソフトのインフラ、シンプルな予測モデルから機械学習を活用したアルゴリズムに至る幅広い分析ツール、さらにデジタルによる変革を促進するために欠かせないデジタル関連の組織能力を補強するパートナーシップである。

7章

IT／オペレーション／事務の未来

序　章

6章　チャネルの未来

1章 決済の未来	2章 個人向け 貸出の未来	3章 個人向け 運用の未来	4章 中小企業金融 の未来	5章 大企業金融 の未来

7章　IT／オペレーション／事務の未来

8章　リスク管理の未来

9章　人材・人事の未来

10章　働き方の未来

デジタル技術の活用によるオペレーションの高度化は、日本のみならず世界の銀行業界におけるトップアジェンダの1つになっている。事務がすべて自動化され銀行員がいらなくなるような時代は来るのか。この章では、従来の「人・紙」中心の銀行の事務オペレーションをテクノロジーの活用により刷新していくにあたって何を目指すべきか、それを支えるITアーキテクチャをどう更新、構築していくべきかを考える。

先進行で加速する「デジタルシフト」

　世界の銀行業界ではいま、モバイル、AI、RPA、ビッグデータ・アナリティクス、ハイパフォーマンスコンピューティングといった先端のデジタルテクノロジーを活用した「オペレーションの高度化」が、経営のトップアジェンダの1つになっている。

　その背景には、まず、インターネットやモバイルを通じた非対面取引への急速なシフトがある。銀行はこれまで、リアル店舗の対面取引により主力のコーポレートバンキングやリテールバンキングを拡大させてきたが、今後は、手間暇のかかる対面取引ではなく、スピーディーで利便性が高いデジタル取引を好むデジタルネイティブ世代が経済の主役になる。すでに北米では、リアル店舗におけるカウンター業務が年20％程度のペースで減少し始めている。

　またもう1つの背景として、他の章でも触れているように、非銀行系プレーヤーが銀行業務を侵食し始めていることがある。たとえばAmazonは、決済サービスやクレジットカード事業を展開、さらに当座預金口座サービス提供を検討していることが報じられるなど、銀行業務への踏込みを強めてきている。また、Facebookは、仮想通貨「リブラ」の構想を発表し、国際間の送金・決済サービスに乗り出す意向を示している。銀行業界は長年規制で守られてきたが、近年になり、各国当局もテクノロジーを活用した金融の高度化、国の競争力強化を目指す方針を打ち出しつつあり、規制緩和の動きや、先端テクノロジーが規制を超えてくる動きが今後加速する可能性もあ

る。

　金融業はもともとデジタルテクノロジーとの親和性が高い。シティグループのマイケル・コルバットCEOは「デジタル化への対応に成功した企業にとって、そのメリットは莫大なものになる。勝者と敗者を分けるほどの影響をもたらすだろう」という趣旨のコメントをしている。

　日本の大手行も、デジタル化による事務作業の自動化等を通じて数千人〜1万人規模の業務量削減を目指す方針を発表しているが、グローバル大手行はさらに先を行く。自らを「先端テクノロジー企業」と位置づけ、Google、Amazon、Facebookといった先端インターネット企業に伍するべく、モバイル、ビッグデータ、AI、量子コンピューティングといった先端テクノロジー領域に、年間数十億〜数百億ドル規模の投資を行っている。

　ただし、ただやみくもに先端テクノロジーに投資をしても効果は限定的だ。従来の「人・紙」中心の銀行の事務オペレーションを、テクノロジーを使って刷新していくにあたり、何を目指すべきか、それを支えるITアーキテクチャをどう構築していくべきなのだろうか。

人とテクノロジーの協業・補完関係をどのように実現するかがカギ

　オペレーションにおけるデジタルテクノロジーの活用を考える際に念頭に置くべきなのは、すべての事務作業が自動化され、完全に機械が人に置き換わることは、10年、20年という時間軸では考えにくいということだ。いまの技術の延長線上では、どれほど自動化が進展しようが、人にしかできない領域は必ず残る。

　だが、テクノロジーが担う領域が今後さらに拡大していくことは間違いない。これからの論点は「人とテクノロジーがどう協業していくか」である。AI、RPAそして従来のITをどのような場面でどう使っていくか、それを考えるためには、それぞれのテクノロジーがどのような思想でつくられ、それぞれ何が得意で何ができないのか、を理解する必要がある。図表7−1は、IT、RPA、AI、そして人が得意とする業務の領域を模式的に表したものだ。

図表7−1　ITシステム／RPA、AI、人の得意とする領域はそれぞれ異なる

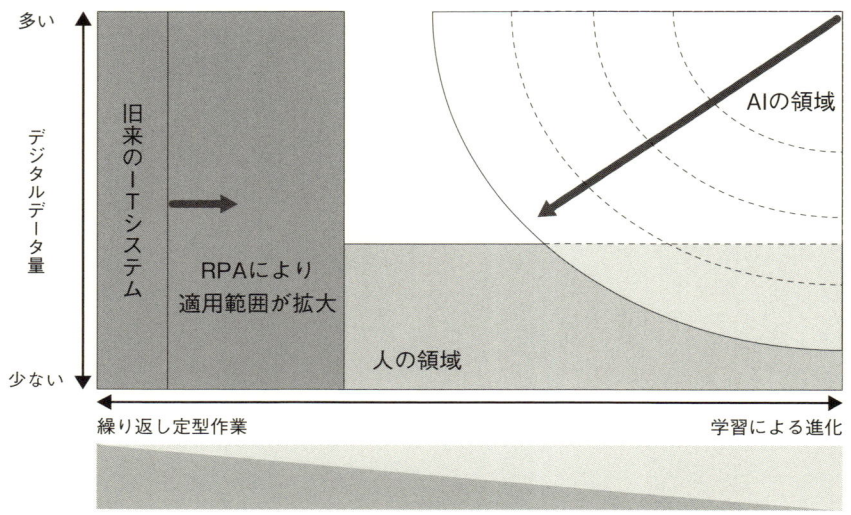

（出所）　BCG

　旧来のITシステム、そしてRPAの基本は「人の組んだプログラムを高速に、一貫性をもって実行することで作業を高速化・効率化する」仕組みである。パターン化されたいわゆる「定型業務」を自動化し、イレギュラーなところを人が手当していくという発想だ。

　旧来のシステムの構築には専門的なプログラミング知識が必要なうえに大きなコスト・時間がかかることもあり、非常に限られた範囲しか適用ができなかったが、RPAの登場により業務自動化のハードルはかなり下がった。RPAは情報の取りまとめや加工など、人がPC上で行う作業を簡易な手順で模倣させられ、専門知識が少ない担当者でも、比較的容易に自動化を実現できるためだ。だが、RPAもこれまでのITシステムと同様、いったん記憶させた作業手順を自ら修正し、変化に適応することはできない。あくまで単純な「自動化」の範疇にある。

　一方、AIの仕組みは、単純にいえば、インプットデータとそれが正しく処理された場合の結果（教師データ）をセットにした大量のデータを与える

と、そこから帰納的に処理ロジックを学習する、というものだ。与えたデータにより、自らのプログラムを書き換え、適応・学習していくことが大きな特徴となる。これはつまり、AIを活用することで「自動化」を超え、業務を「自律化」できることを意味する。たとえば、Amazonのプライシング＆商品レコメンデーション・エンジンをはじめとする数十の機能は、新しい情報が生じると学習し、適応するAIシステムによって運営されている。システムは相互に接続されていて、どこかの部分で得られた新しいデータやインサイトは他のすべての機能に流れていき、それぞれの機能がそれに反応し、アクションを起こす、といったかたちで働く。

　だが、AIにできることには限界がある。データの相関（例："AとBには相関がある"）を著しいスピードと規模で、かつ、きわめて複雑なレベルで分析できるが、たとえば因果関係の推論（例："なぜAとBには相関があるのか"）や反事実的思考（例："AとBには相関がみられないが、相関があるとしたらどうだろう"）のような高レベルの論理的判断はできない。

　また、特定の文脈を超越して思考すること、ゼロから発想すること、新たな問いを設定すること、リフレーミング（現在とは別の枠組みでとらえ直すこと）をすること、人の常識や良識、思いやりを学習させることなども現状のAIにはむずかしい。

　さらに、AIのアルゴリズムはデータを学ばせることを通じて高度化するため、実務で使えるレベルまで精度を高めるには大量のデータが必要になる。データというのは世の中に溢れているようで、その実、偏在している。たとえば同じローン査定でも住宅ローンと自動車ローンとでは査定での注目ポイントが異なるため、AIが学習するために必要なデータも変わってくる。必要なデータがそろわなければ、アルゴリズムをつくることはできない。

　また、正確性も完全には担保できない。AIは従来のICT技術とは異なり、帰納的な判断・処理をするため、未知のデータに対して想定しない動きをするケースがある。さらに、説明責任を果たせない。AIの実装手法によって

はロジックがブラックボックス化しやすいため、金融当局などから「なぜここでこのような判断をしたのか」と問われても、判断理由を明示できないなどの制約がある。

　以上のようなAIの特徴を前提に、AIを活用する際には「どの業務をAIにやらせて、どの業務を人がやるか」を見極める必要がある。銀行業務の領域のうち、①フロントでの商品販売、②バックエンド事務、③新商品企画の3つを例に適用可能性をみていくと、次のようになる。

①　フロントでの商品販売

　この領域において、AIはすでにさまざまな場面で適用され、大きな成果を出している。たとえば、信託やアセットマネジメントなど、顧客の要望・嗜好にあわせた提案が求められるアドバイザリー業務において、従来、営業担当者の勘や経験に頼っていたプロセスを、過去の販売データに基づくAI分析に置き換えることで、顧客の要望・嗜好パターンにあった最適な商品提案につなげている。また、複雑な審査が必要な住宅ローンのような商品では、迅速な審査が成約率向上に一役買っている例もある。従来の審査手続は、ローンセンターなどに集中させて効率化していても、人手を介するため1週間〜1カ月かかっていた。だが、デジタルによるペーパーレス申込みとAI審査を組み合わせれば、営業担当者が顧客と対面しているその場で審査結果を回答できるようになり、脱落率の低下につながる。さらに、広告やキャンペーンの最適化なども含め、AIは商品販売業務の多くの側面ですでに活用されている。

　ただ、顧客に対する共感や思いやりが必要な部分については、人との協業が不可欠だ。住宅ローンや老後資産の運用など人生を大きく左右する判断において、顧客は営業担当者との個人的な信頼関係を重視する傾向がある。人の不安心理に寄り添うことは現在のAIにはむずかしい。したがって、当面はAIをツールとして活用しつつ、ハイタッチな部分は営業担当者が担うという「AI＋人」のハイブリッドアプローチが求められる。この際の考え方については3章（個人向け運用の未来）でも解説しているのであわせてご参

照いただきたい。

② バックエンド事務

バックエンド事務も、AIの強みを生かしやすい領域だ。従来からシステム化、ペーパーレス化による効率化の必要性が叫ばれていたが、AIとデジタル技術の組合せにより、諸手続や保全業務の自動化範囲はいっそう広がりをみせている。たとえば「AIの認識機能によって手書き文字の自動読取り（OCR）などの精度を大きく向上させる」「乱雑な字を読み取る」「フルデジタル化の取組みと組み合わせることでバックエンド業務を大きく効率化させる」「将来のリスクを計算する際に過去に自己破産を経験した人としていない人のパターンを分析し、高度化をはかる」といったことができる。さらに、大量データのリアルタイム処理による判断の高度化も可能だ。たとえば、不正取引のパターンをリアルタイムに検知・学習して、被害を最小化させる取組みなどがすでに始まっている。

一方、AIができることには制約もある。ディープラーニングのアプリケーションで使われるような最先端のアルゴリズムはあいまいな状況での判断や直感的な判断に優れる半面、ロジックがブラックボックス化され、判断理由の追跡がむずかしい場合がある。そのため、たとえば信用・審査業務の場合、判断自体はAIによる自動化が可能だが、その結果について当局、顧客への説明責任が問われた場合に、対応しきれないことがある。

また、問合せ対応やクレーム処理といった顧客対応業務に関しては人との協業が不可欠だ。FAQのような単純な問合せ対応では今後AI・チャットボットによる省力化が進むとみられるが、複雑な問合せはAIには対応がむずかしく、人の力が必要になる。たとえば「問合せをした側が内容を十分に理解できていない」というケースでは、人が問題の発生箇所を探していく必要がある。

③ 新商品企画

まったく新しい商品を発想するには問題のリフレーミングや新しい問いの設定が必要だが、先述したとおり、現在のAI機能ではそのハードルは高

い。将来的にAI単独での新商品企画が可能となるかどうかは、技術革新の動向を見極める必要がある。

　この領域については、当面人が重要な役割を担うことになるが、AIの得意とする既存の大量データからのパターン検出能力を商品企画に生かす試みは一部で始まっている。AIにより多数の商品キャッチコピーを自動生成し、そのなかから人間のクリエイターが有効なものを選別することで、人のクリエイティブな発想力を補助し、企画の生産性を向上することをねらう取組みなどがこの一例だ。AIの特徴を理解し活用する取組みの巧拙が、企業の商品企画力の差別化につながっていく可能性はある。

　上述のように、AIと人の補完性は高いが、協業の"最適な境界"は今後のテクノロジーの革新と、各社におけるテクノロジー導入の進捗により、少しずつ変化していくとみられる。

オペレーションのデジタル化を進めるには組織の変革が不可欠

　以上のようなかたちでAIを活用し、オペレーションをデジタル化すれば、「Time to Market」（商品・サービスやオペレーションが構想されてから市場投入・実行されるまでの時間の長さ）を大幅に短縮できる。AIは大量のデータを読み込んで理解することや、聞かれたことに答えることについては、人よりはるかに速い。しかし、オペレーションに人と紙が介在すると、そのスピードが大きく阻害されてしまう。たとえば、紙の申込書への対応には、内容の読取り、判断、記入、ダブルチェック、返送などで最低数時間、さらに休日・夜間を挟むと数日（ピーク時対応が重なると1週間〜1カ月）かかる。デジタルデータの転送・処理はトランザクション当り数百ミリ秒〜数秒、長くても数十分ですむことを考えると大きな差だ。

　この差のもたらす影響は、処理スピードのみにとどまらない。顧客からの依頼に対して、即時対応できる場合と、回答に数日かかる場合では、成約に至る確率が格段に変わる可能性がある。また、デジタル化されたオペレーションであれば、アプリなどの画面上の顧客の行動を即時に取り込みデータ

を分析し、申込みに至らない理由（顧客の不満）を発見し、販売プロセスや商品内容、広告などに即座に反映させることなどもできるが、従来の紙・人によるオペレーションではそうはいかない。マニュアルの作成、現場とのコミュニケーション、教育など、相当の負担と時間が必要だ。そうしたことの積重ねが、人件費、広告費、顧客満足度、商品在庫などの諸コストに大きく影響する。

オペレーションのデジタル化を進めるには人と紙を前提とした現状の組織を変えなければならない。先述の3つの領域でいえば、まず「①フロントでの商品販売」では「どの部分をAIに代替させるのか」をよく考えながら、アドバイザリー業務に営業員を配転したり新しいスキルの付与を進めたりする必要がある。実際、北米の先進行ではバックオフィス業務を自動化して人を減らす一方、フロントのアドバイザリー業に携わる人を増やしている。「②バックエンド事務」では、現状、多くの銀行では人が紙で処理する前提で処理センターをつくったり、処理にかかわる人をどこかに寄せたりしているが、今後はそこをAIに代替させる必要がある。それによって人と紙の制約から解放され、申込書の保管スペースの縮小、原本アクセスの簡素化、審査・査定のAI化などが進む。

オペレーションのデジタル化で重要なことは、フロントの顧客接点からバックエンド事務に至るまで「End to End」（端から端まで）で進めなければならないということだ。どうすれば全体が効率化できるのかを考えないと部分的な変革で終わってしまう。各部署から横断的にメンバーを集めるだけではなく、強いリーダーシップで全社的変革をドライブできる役員クラスまで巻き込む必要がある。

その観点から邦銀の取組み状況をみると、現状、既存の組織を維持する前提でテクノロジーによる自動化やデジタル化を実験的に進めている段階にすぎないといえよう。「いまのAIにどういうことができ、将来どういうことができるようになるのか」「既存の組織をどう変えると全体最適につながるのか」「組織を変えるためにはどういう制度や施策が必要なのか」などを明確

化し、実際に推進していくにはあと数年はかかりそうだ。

デジタル時代に必要とされるITアーキテクチャの姿

紙と人を中心とした従来型のオペレーションから、デジタル中心のオペレーションへの変革を進めるにあたり、それを支える「ITアーキテクチャ」（システムのつくり）も再構築しなければならない状況になりつつある。

現在のITアーキテクチャの多くは、店舗チャネルとATMチャネルしかなかった1980〜2000年代に設計・構築されたものだ。当時のコンピュータの性能上、日次・月次・年次サイクルで一括処理する手法（バッチ処理）を採用せざるをえず、リアルタイム処理に適応していない。しかも、ビジネスライン（リテール、コーポレートバンキング、市場など）ごとにITアーキテクチャを構築しているうえ、さまざまな業務要件や規制の変更に対して"建増し"で対応してきているため、いわゆるスパゲティ化（複雑化、不可視化）が生じ、機能変更や機能追加をする際の要件定義、影響調査、テストにかかる作業量（時間）が増大傾向にある。最悪の場合、リスクの大きさから機能開発を断念しなければならないケースまで出てきている（図表7－2）。

市場系のシステムについては、もともとリアルタイム性や環境変化、データ活用への要求が高く、1990年代以降の投資環境の変化とともにITアーキテクチャの刷新も比較的進んできたが、昨今のデジタルネイティブの台頭や、AI・ビッグデータ技術の進展を受け、リテールやコーポレートバンキングの領域でも同じような要求が出始めている。その意味で銀行は「どんどん変える」「どんどんよくする」という柔軟性やリアルタイム性によって競争優位性を維持することが必須になってきている。

どのようなITアーキテクチャを目指すべきか、その具体像については、求められる要件が銀行によって異なるため一概にはいえない。だが、多くの銀行で共通して求められていることは、機能変化への柔軟性とデータ活用における柔軟性だ。

機能変化への柔軟性の不足については、銀行システムにおいて、従来から

いわれていることだ。前述したとおり、多くの銀行の勘定系システムは設計当時から30〜40年が経過しており、ITアーキテクチャの老朽化・陳腐化が進んでいる。最新のビジネス要求に対する機能追加のために、数カ月〜数年という期間と、数億〜数十億円、多いときには数百億円にのぼるコストが必要となる場合もあり、システム変更にかかる期間とコストが大きな問題となっている。

この解決のために、海外の先進行が取り組んでいるのはシステムの「疎結合化」だ。疎結合とは英語でLoosely Coupledといい、わかりやすくいえば「1つのかたまりとして、かたちを変えられないくらいがっちりとしたITアーキテクチャをつくる」のではなく、「機能の括りをより細かくし、柔軟につなぎ変えられる機能の集合体としてITアーキテクチャをつくる」ということだ。

たとえば、現状、ATMとモバイルバンキングは、ともに振込み、残高照会など同じような機能を提供しているが、それぞれが1つの完結したITアーキテクチャで構築されているため、互いに機能の共用化はできない。そのため、ビジネス内容や規制変更などが起こった場合、同じ機能変更を、それぞれのシステムで別々に行わなければならず、これが開発コストの肥大化の一因となっている。疎結合化されたシステムであれば、それぞれのシステム内部の機能の結びつきが緩いため、たとえば他システムで構築した機能とつなぎ変え、複数システムで共用化するような柔軟な対応がとれるアーキテクチャとなる。重複した機能開発を減らすことができるため、開発コストや時間を抑制できる。

加えて、昨今ITアーキテクチャに求められる重要な要素として急速に注目を集めているのが、データ活用における柔軟性である。前述したとおり、AI等の最新テクノロジーの進展のなかで、システムに蓄積されたデータをいかに迅速に、柔軟に取り出し、活用できるかは、銀行の競争力を大きく左右しうる。

実は、一口にデータといっても、その活用の仕方により、最適な取出し

図表7−2　システム機能拡張に伴うITアーキテクチャ複雑化イメージ

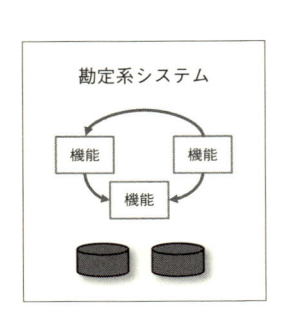
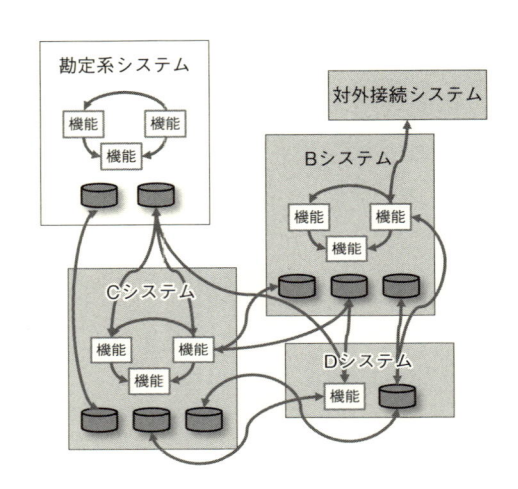

（注）　EUC＝End User Computing。IT部門ではなく、業務部門や従業員が自ら開発・運
（出所）　BCG

方、保管の仕方は異なる。たとえば、顧客へのWeb広告最適化、レコメン
デーションなどの機能は、必要とするデータ量は比較的軽量だが、顧客に対
してリアルタイム、条件反射的に反応することが求められる。この場合は、
顧客に近いフロントエンドに局所的にデータを蓄積、その場で活用すること
が望ましい。一方、プライシング最適化アルゴリズムなどは、蓄積したデー

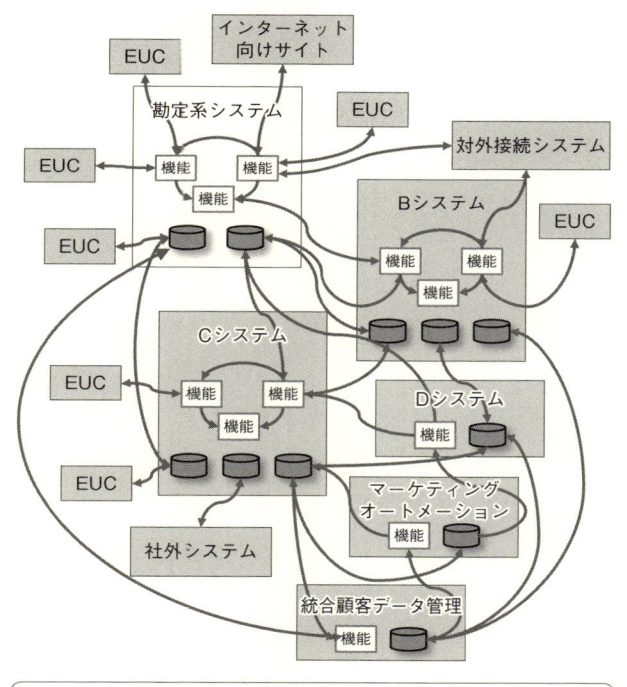

技術・ユーザーの変化に応じてさらにシステムを「建増し」

インターネット
向けサイト

EUC

勘定系システム

EUC

EUC

対外接続システム

機能　機能

Bシステム

機能

EUC

EUC

機能　機能

機能

Cシステム

EUC

機能　機能

Dシステム

機能

機能

EUC

マーケティング
オートメーション

社外システム

機能

統合顧客データ管理

機能

最終的にスパゲティ化。事業変化に応じた、
迅速なシステムの拡張が困難に…

用するシステムやアプリケーション。

タを横断的に分析できるほうが精度は高い。こういった場合はバックエンド
においてデータ集約を行う。さらに、なるべく多くのデータを、そのままの
かたちで蓄積し、データ資産化していくという考え方もある。現在は活用で
きないデータでも、AI・ビッグデータ技術の進展や、「情報銀行」などビジ
ネスニーズの変化により、将来価値あるデータになる可能性があるからだ。

顧客との取引、Webサイト上の行動、メール、チャット、音声通話、ビデオチャット動画など、多様な形式のデータをそのままのかたちで蓄積するデータストアを「データレイク」と呼んでいる。

　これら用途にあわせ、データを蓄積する場所や、保管手段を最適化し、必要なデータを必要なタイミングで取り出せる状態にしておくことが、ITアーキテクチャに求められている。

　既存のレガシーシステムから上記のような新しい特性を備えたITアーキテクチャに移行するには、いくつかの段階を踏む必要がある。業務への影響や事業の継続性などを考慮するとすべてのシステムを同時につくり変えるアプローチはとりづらい。やはり既存のシステムをできる限り活用しながら、言語やハードウェア・ソフトウェアの保守切れなどのタイミングをとらえ、着実に変革を進展させるべきだ。

　その際には「フロント、ミドル（連携基盤）、バック、データの4層にレイヤリングしたうえで、ミドルの統合レイヤーに機能間の連携を集約し、可視化する」といった構造にする必要がある（図表7－3）。ここでは現行のITアーキテクチャの状況やビジネス変革のニーズに応じてアプローチと対象範囲を使い分けることがポイントになる。アプローチは大きく分けると「Front-to-Backアプローチ」「Front ＆ Backアプローチ」「Back-to-Frontアプローチ」の3つがあり、それぞれに特徴がある（図表7－4）。

①　Front-to-Backアプローチ

　このアプローチではまずフロントの顧客接点から刷新し、既存のバックエンドシステム（勘定系システム）に一時的に接続する。長所は、「モバイルバンキングの画面デザインを刷新する」といった要望に迅速に応え、新チャネル・新サービスを早期にリリースできること。短所は、機能・柔軟性・迅速性などの面で劣る既存のバックエンドシステムが残り、フロントとバックのインテグレーションレイヤーの構築にコストがかかることである（残存するバックエンドシステムとの初回接続、バックエンド更新時の再接続など、接続部分の開発投資が二重三重になる）。

② Front & Backアプローチ

　このアプローチでは商品・事業ごとにフロントとバックのシステムを刷新していく。長所は、商品・事業ごとにフロント・バックのE2Eで統合されたデジタルインフラストラクチャーを構築できること。ビジネス上、規制上の要請に基づいて、デジタル変革の順序を決定できること。短所は、新規に構築したシステムと既存のシステムの分断により顧客に生じる影響について考慮が必要であることである。

③ Back-to-Frontアプローチ

　バックエンドの勘定系システムから刷新していくアプローチである。ミドルにインテグレーションレイヤーを構築し、フロント・バックを疎結合化する。長所は、多くの銀行で老朽化が問題となっている既存レガシーバックエンドから脱却し、商品開発や規制対応の開発コスト、スピードを改善できること。短所はフロント顧客接点の変革による、顧客・現場からみた「目にみえる変化」の実現までに時間がかかることである（レガシーバックエンドの刷新完了には1～5年かかる）。

　どのアプローチを採用するのかについては、銀行によって考え方が異なる。たとえば、あるグローバル大手銀行では実現性とスピードを重視し、Front-to-Backアプローチをとってシステムを変革している。また、北米には不動産などの主力商品を抜本的に強化する目的で、Front＆Backアプローチにより事業単位でのシステム刷新を行った銀行もある。金融危機とシステムトラブルによる経営危機を機に、高コスト・高リスクの原因となっていたレガシーバックエンドから刷新に着手した例も欧州にみられる（Back-to-Frontアプローチに属する）。

DevOpsなどの新しい開発手法を取り入れることも必要

　ITアーキテクチャを実際に変えていくのは人間なので、今後はDevOps（デブオプス、図表7－5）のような新しい開発手法を導入することも求めら

図表7－3　銀行システムアーキテクチャのあるべき姿の一例

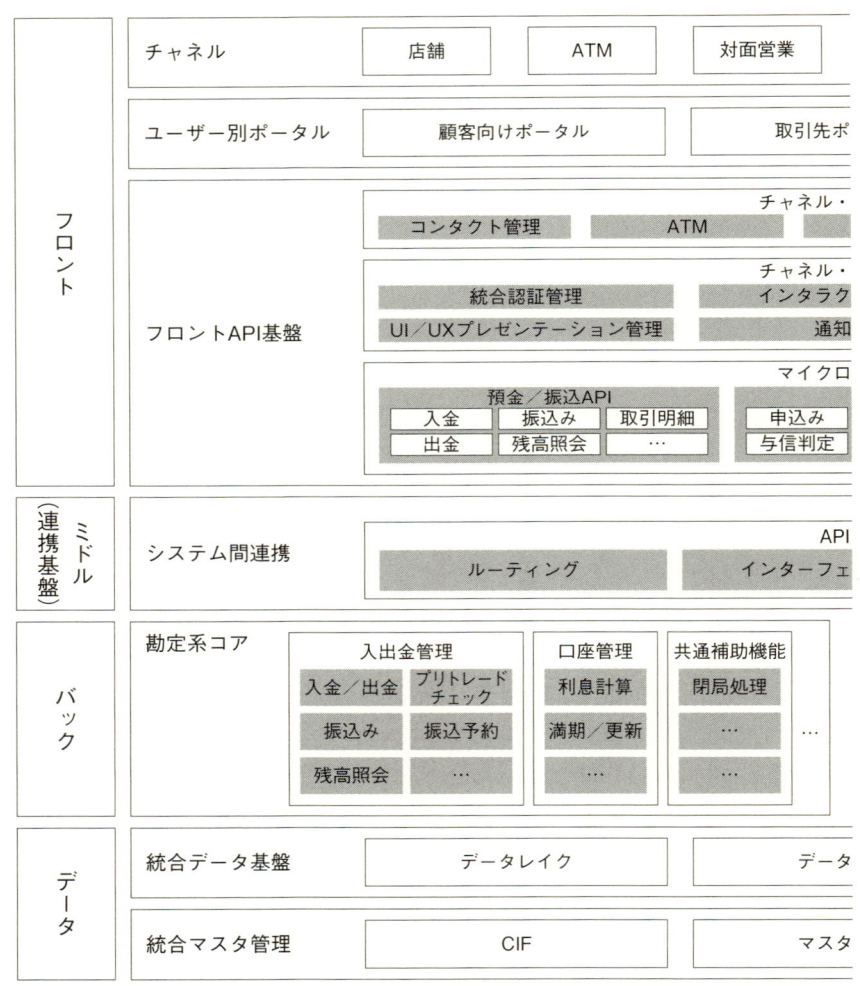

（出所）　BCGプロジェクト

れる。

　DevOpsとは開発チームと運用チームを密に連携させることでシステム開
発の品質とスピードを向上させたり、運用を安定化させたり、開発・運用プ

ロセスを可視化したりする手法だ。従来、開発チームと運用チームとの間には溝があった。5年に1回程度のペースで大きなシステムをつくりかえる開発チームと、トラブル対応や顧客対応に日々奔走する運用チームとでは要求

図表7−4　アーキテクチャ疎結合化に向けた刷新アプローチの例

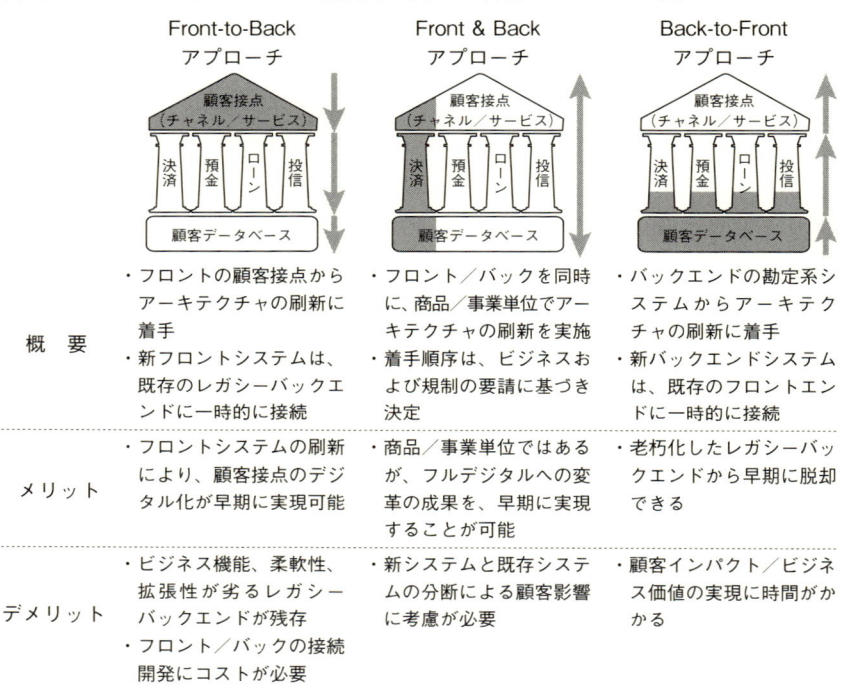

	Front-to-Back アプローチ	Front & Back アプローチ	Back-to-Front アプローチ
概　要	・フロントの顧客接点からアーキテクチャの刷新に着手 ・新フロントシステムは、既存のレガシーバックエンドに一時的に接続	・フロント／バックを同時に、商品／事業単位でアーキテクチャの刷新を実施 ・着手順序は、ビジネスおよび規制の要請に基づき決定	・バックエンドの勘定系システムからアーキテクチャの刷新に着手 ・新バックエンドシステムは、既存のフロントエンドに一時的に接続
メリット	・フロントシステムの刷新により、顧客接点のデジタル化が早期に実現可能	・商品／事業単位ではあるが、フルデジタルへの変革の成果を、早期に実現することが可能	・老朽化したレガシーバックエンドから早期に脱却できる
デメリット	・ビジネス機能、柔軟性、拡張性が劣るレガシーバックエンドが残存 ・フロント／バックの接続開発にコストが必要	・新システムと既存システムの分断による顧客影響に考慮が必要	・顧客インパクト／ビジネス価値の実現に時間がかかる

（出所）　BCGプロジェクト

される能力や性格が異なるため、「開発チームのつくったITアーキテクチャは使いづらい。運用しづらい」「運用チームが遅いから新しいものをつくれない」といった衝突が頻繁に起きていた。そこで注目されている手法の1つがDevOpsで、世界のトップ行はそれに基づいて「頻繁な機能テストによって品質を向上させる」「数時間単位で新機能をリリースする」「試行錯誤によってビジネスの価値を向上させる」「突発的な問題やクリティカルな課題に対応して経営リスクを下げる」といった取組みを加速させている。

　山手線を地下化するとしたら、自分ならどうするかを考えてみてほしい。10年かけてトンネルを掘り線路をどこかに用意して、すべて完成してからあ

図表7−5　DevOps（デブオプス）のイメージ

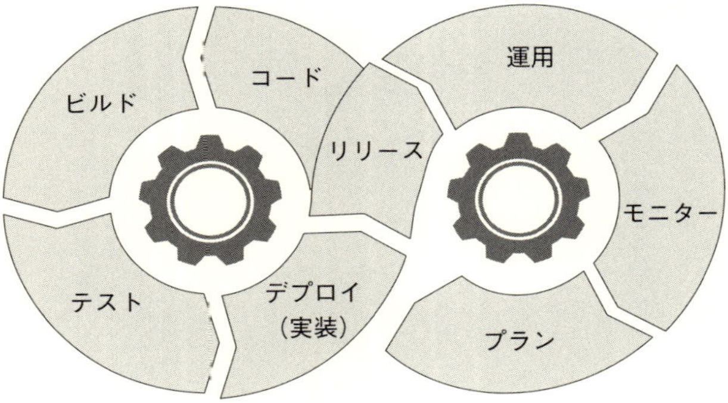

開発サイクル　　　　運用サイクル

> 「組織文化」「KPI」「プロセス」「ツール」を改善・高度化することで、開発チームと運用チームの協調・連携を高め、システム開発・運用の生産性・スピード・品質を同時に高める

（出所）　BCG

る日スパン、と切り替えるとしたら、最初につくった線路はすでにさびているということになるだろう。まず、東京駅を地下にしようか、次は品川駅か、とその時の最新の技術や乗降客の動向などをにらんで段階的に進めるのが現実的ではないだろうか。ITアーキテクチャの変革も、これまでの「いま必要だ」と思うものを何年かけて一直線につくるという発想から、未来をよりしっかり読み、変化を追いかけながら微修正する姿勢が肝になる。経営トップの継続的なコミットメントも欠かせないだろう。

8章

リスク管理の未来

序　章

6章　チャネルの未来

| 1章
決済の未来 | 2章
個人向け
貸出の未来 | 3章
個人向け
運用の未来 | 4章
中小企業金融
の未来 | 5章
大企業金融
の未来 |

7章　IT／オペレーション／事務の未来

8章　リスク管理の未来

9章　人材・人事の未来

10章　働き方の未来

リーマンショック以降、銀行への規制は世界全体で厳格化し、世界の主要行ではリスク管理・コンプライアンスが最重要アジェンダの1つとなっている。その一方でオペレーションコストやリスクコストがふくらみ、銀行全体のエコノミックプロフィットの回復が遅れている。こうした状況下、CRO（最高リスク管理責任者）の役割は大きく変化しつつある。いま求められているのはリスクとリターンの正確なジャッジを通じてよりよい意思決定を可能にする役割、また収益機会をつかむ助けとなる役割を併せ持つ「未来型CRO」である。

世界の主要行に押し寄せる「規制の波」

　銀行業界は代表的な規制産業であり、国際的に活動する銀行はFinancial Stability（金融・財務の安定性）、Prudential Operations（事業運営の慎重性）、Resolution（資産・負債の秩序ある処理）などの面からさまざまな制約を受けることになる。

　金融システムを安定させ、銀行顧客の資産を保護するという規制の目的は普遍的なものだ。だがそのあり方は、市場競争を促進して経済の活性化を図る場合には「緩和」の方向へ向かい、金融危機などが起きた場合には「強化」のほうへ、さながら振り子のように振れる。2008年のリーマン危機以降は規制強化の動きが世界的に顕著で、16年には世界で毎日約200回もの規制の変更や追加が行われた。この数字は11年の約3倍に当たる。足元ではAML/CFT（マネー・ローンダリングおよびテロ資金供与対策）やサイバーセキュリティー、データ保護といった観点から新しい種類のリスクに対応する必要性が指摘されており、いまのところ規制や監督が緩む方向性は感じとれない。

　リーマンショック以降は法令違反に対する当局によるペナルティー（罰金）も大規模になっている。とりわけ厳しい姿勢をみせているのは欧米の規制当局で、欧米銀行が09年〜18年までの間に科した罰金総額は3,700億ドル（約40兆円）を超える。マネー・ローンダリング対策が不十分と判断された

銀行や、米国の経済制裁対象国に国際送金をしていたとされた銀行が米国の当局に10億ドル以上の罰金を支払うことになった事例、あるいは、LIBOR（ロンドンの銀行間取引市場で提示される平均貸出金利、ライボー）を自らの都合で不正に操作したとして複数行が罰金を命じられた事例などはよく知られる。

　本邦では金融庁が銀行に巨額の罰金を科すケースは現時点では想定しづらいが（法令違反の抑止を目的とした課徴金制度はある）、国際的に活動している３メガバンクなどの大手行は進出先国の当局からペナルティーを受けるリスクが高い。実際、外国為替取引について欧州連合（EU）競争法（米国の反トラスト法、日本の独占禁止法に当たる）に違反したとして邦銀がEU欧州委員会から数十億円に当たる罰金の支払を命じられたケースなどもある。

　罰金、特に欧米行のように巨額の罰金を科されると、財務面でもレピュテーション（風評、評判）の面でも深刻な影響を受ける。そこで世界の主要行では自国・進出先国の規制や国際的なコンプライアンス基準を遵守することを最重要アジェンダの１つとし、AML／CFT対策の一環としてKYC（本人確認）の作業を徹底したりサイバーセキュリティーの専門人材を雇ったりしながら、経営管理の高度化を進めている。

　その一方でオペレーションコストやリスクコストがふくらみ、エコノミックプロフィット（投下資産からのリターンとそれに対するコストで測られる超過利益）の回復が遅れている状況が存在する。

　図表8－1は、世界の主要行の13年～17年までのエコノミックプロフィット（投下資産からのリターンとそれに対するコストで測られる超過利益）を地域別に示したものだ。グラフの上部は資産あたりの収益（金利・配当収益、手数料収益、トレーディング等その他収益）を、下部は資産あたりのコスト（リファイナンスコスト、オペレーションコスト、リスクコスト）を、下の枠内の数値は両者の差であるエコノミックプロフィットをそれぞれ表している。この結果をみると、足元でオペレーションコストやリスクコストが増加している地域が多いことが確認できる。現在は低金利や異業種企業の参入などで銀行

図表 8－1　地域別のエコノミックプロフィットの推移

グローバル銀行の総資産に占めるエコノミックプロフィッ

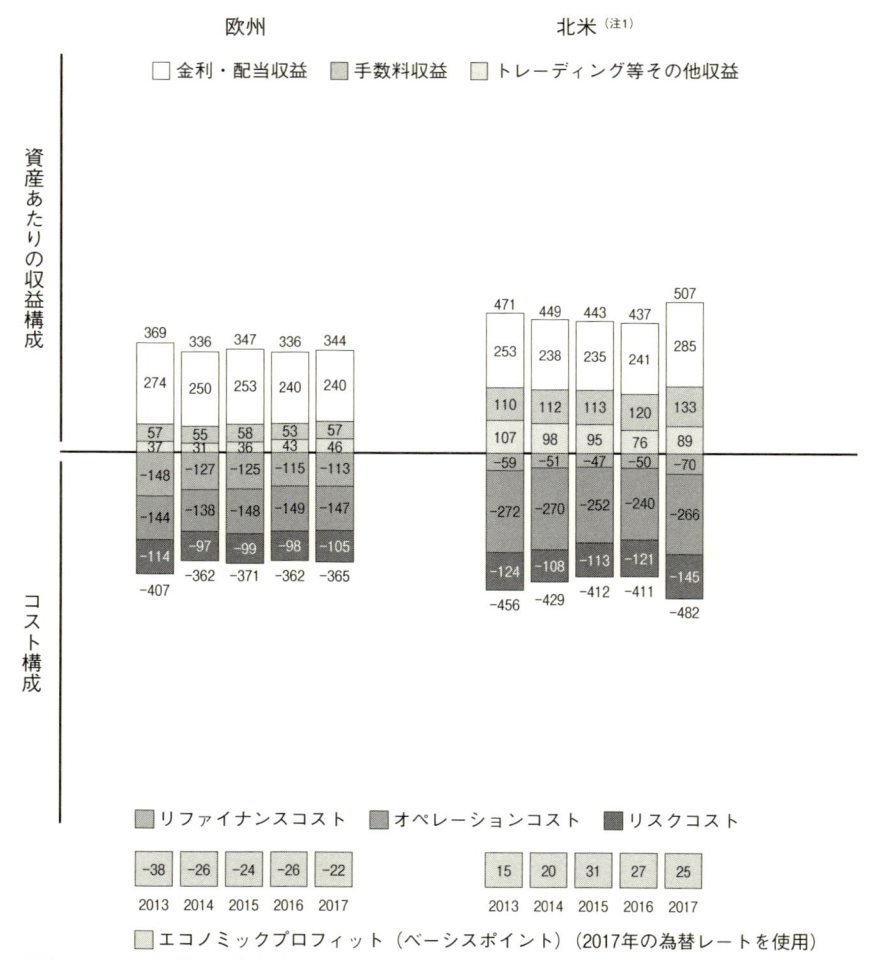

欧州　　　　　　　　　　　　　　　北米 (注1)

□ 金利・配当収益　■ 手数料収益　□ トレーディング等その他収益

■ リファイナンスコスト　■ オペレーションコスト　■ リスクコスト

□ エコノミックプロフィット（ベーシスポイント）（2017年の為替レートを使用）

（注）　ユーロ建ての価値合計をユーロ建ての資産合計で割った値をベーシスポイントで表
（注1）　US／ローカルGAAPを採用しているため、欧州およびアジア太平洋対比で総資
（出所）　Orbis; 企業公表データ; BCG Risk Team Database; Bloomberg; BCG分析

トの構成、2013〜17年（単位：ベーシスポイント（bps））

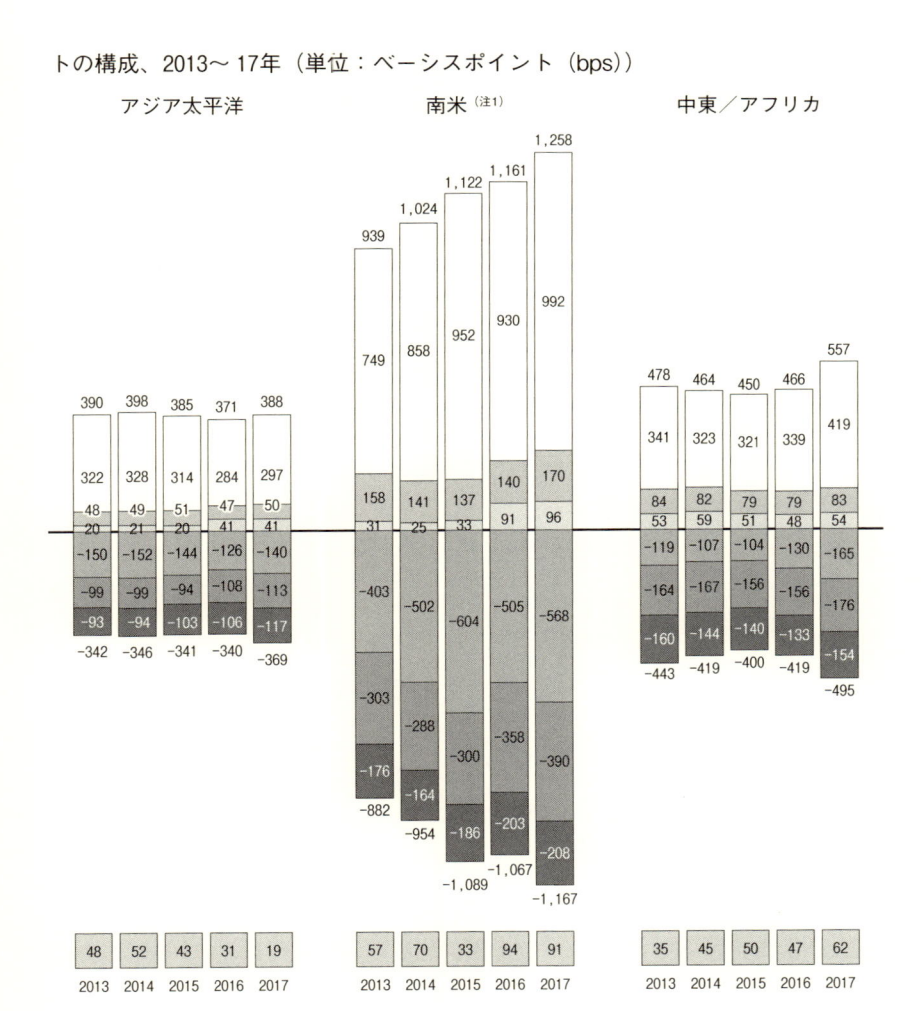

示（四捨五入のため、合計値が合わない場合あり）。
産の額が小さめになっている。

の収益環境に厳しさが増していることもあり、コスト増は経営の重石になっている。

　そうした状況下で、リスク管理部門やコンプライアンス部門（以下、リスク・コンプラ部門）の重要性はますます高まっている。

　リスク・コンプラ部門は、バーゼル銀行監督委員会が公表した「銀行のためのコーポレート・ガバナンス諸原則」に記されている「3本の防衛線」という経営管理態勢の2線に当たる。ちなみに、1線（ビジネス部門）では、規程やリスクアペタイト（自らのビジネスモデルの特徴をふまえたうえで、業務計画を達成するために積極的にとろうとするリスクの種類と総量）に基づいて日々の業務を行う。2線（リスク・コンプラ部門など）では、独立した立場で1線の業務を監視・評価し、必要な支援を行う。3線（内部監査部門）では1線と2線の有効性などを評価・検証し、取締役会や監査委員会に対して保証を行う。その考え方や態勢はリーマン危機の際に1線の暴走を未然に防げなかった反省から生まれ、その後、1線をモニタリングする2線の重要性が増すかたちになった。その意味で、銀行の経営管理がしっかりと機能するかどうかはリスク・コンプラ部門を統括するCROにかかっているといえる。

「未来型CRO」に求められる役割

　CROの役割は、今後大きく変化することが見込まれる。これまでは、現場の行き過ぎを抑制したり法令違反を防いだりすることでビジネスのサポートをしたり、けん制をしたりする側面が強調されていたが、今後はこの位置づけを超え、リスクとリターンの正確なジャッジを通じてよりよい意思決定を可能にする役割、また収益機会をつかむ助けとなる役割を併せ持つ「未来型CRO」となることが求められるだろう。

　一方で、規制が目まぐるしく変化するなかで、コンプライアンスを遵守することもまた、成功のカギであり続ける。私たちは、リスクマネジメントを銀行全体にとっての「価値を生む組織」へと変えていくための、「未来型CRO」にとって最も重要なアジェンダは「①規制・コンプライアンスの戦

略的遵守」「②リスクマネジメントを競争優位の源泉へ」「③リスク管理機能のデジタル化」「④イノベーションや競争優位構築に向けたレグテックの活用」という4つのポイントだと考えている（図表8−2）。

①　規制・コンプライアンスの戦略的遵守

「未来型CRO」は、単に受動的に規制を遵守するのではなく、日々変化し続ける規制（グローバル、ローカルとも）にプロアクティブに対応しつつ、新たなリスクを発見・管理しなければならない。そのためには一種のインテリジェンス、つまり情報感度を高め、かすかなサインからも当局の考えを汲んで判断、行動することが求められる。

　CROが管理しなければいけないリスクは拡大の一途をたどる。まずは銀行の伝統的なリスクとしての、信用リスク（債権回収が困難になるリスク）、市場リスク（金融市場の変動によって生じるリスク）、オペレーショナルリスク（内部管理が十分に機能しなくなるリスク）がある。さらに今日では、コンダクトリスク（「顧客保護」「市場の健全性」「有効な競争」に対し悪影響を及ぼす行為が発生するリスク）をはじめ、銀行業務の延長線上にあるその他リスク（データ保護規制やサイバーセキュリティー）も含め膨大な規制を網羅・遵守しなければならない。そうしたリスクを早期に特定・対応するにはアンテナを高く張り、当局の考えを当局が公表する前に理解し、潜在リスクを特定

図表8−2　リスク管理を最適化するためのCROアジェンダ

関連アジェンダ・トピック

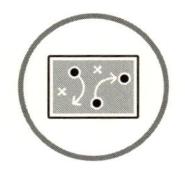   

| 1．規制・コンプライアンスの戦略的遵守 | 2．リスクマネジメントを競争優位の源泉へ | 3．リスク管理機能のデジタル化 | 4．イノベーションや競争優位構築に向けたレグテックの活用 |

（出所）　BCG

するようなインテリジェンスが「未来型CRO」には不可欠な資質となってくる。

　また、プロアクティブかつ戦略的に規制・コンプライアンスに対応するためには、コンプライアンス部門自身がビジネス推進の伴走者として能動的に現場にかかわることが重要になってくる。そのための要件として、「コンプライアンスバリューに対する当事者意識をビジネスの現場と共有すること」「独立したパートナーとしての立ち位置を守ること」「顧客本位の組織運営を基本とした業務プロセスの簡略化」「優秀な人材を確保すること」などの原理・原則があげられるが、これらを確実に実行することが求められる（図表8－3）。

②　リスクマネジメントを競争優位の源泉へ

　「未来型CRO」には、リスク・コンプラ部門における専門的知見やノウハウ、データをビジネス部門や外部に積極的に活用して銀行経営に付加価値を与えることが求められる。そのときポイントになるのは以下の3つと考えられる。

　1つ目は、単なるブレーキ機能から脱却することだ。CROはブレーキだけではなく、アクセルも使いながら最適なリスク・リターンのバランスを実現しなければならない。そのためにはリスク部門のバランスシート全体にわたる統合的な知見や豊富なデータとモデリング手法などの知見を生かし、リスクテイクの判断をタイムリーに行うことである。

　2つ目は、非財務リスクの管理を積極的に行うことである。銀行はデータの保護、サイバーセキュリティー、市場阻害行為やマネー・ローンダリングなど、非財務リスクのインパクトをうまくマネジメントしなければならなくなっている。経営トップや経営層は、リスクが高いにもかかわらず、統制が不十分な領域でとるべきアクション（統制システムや監視の強化など）を特定するため、体系立った、ファクトに基づく視点を求めている。こうした視点は経営資源の配分に優先順位をつけるためのツールとしても役立つ。

　そして3つ目は、リスク・コンプラ部門のケイパビリティやデータなどを

Ⓐ	コンプライアンスバリューに対する当事者意識をビジネスの現場と共有すること	・コンプライアンスバリューの定義を明確化 ・すべての管理職レベルにおいて、コンプライアンスへの取組みを推進
Ⓑ	独立したパートナーとしての立ち位置を守ること	・透明性の高い方法で、第一線はコンプライアンスに率先して関与 ・コンプライアンス部門は決定権限をもち、より有効な手続の策定に率先して取り組む ・コンプライアンスは、独立したパートナーとして現場とのコミュニケーションを積極的に行い、率先して解決策の提案を行う
Ⓒ	顧客本位の組織運営を基本とした業務プロセスの簡略化	・コンプライアンス部門は顧客本位のアプローチを基本とし、業務プロセスの簡略化に取り組む ・コンプライアンス部門内、また他の本社部門との情報共有・協働を促進する
Ⓓ	優秀な人材を確保すること	・魅力的で多様なキャリア機会のプラットフォームとしてコンプライアンス部門を認識してもらう ・熟練し順応性のあるコンプライアンス担当者を組織がサポートする体制を構築する

（出所）　BCG

銀行の収益に結びつけたり、顧客に対するアドバイザリーサービスに活用したりすることだ。

　これらの取組みはつまり、リスク管理部門の提供価値を転換し、それにより競争優位性を構築することにつながる。海外ではこれに取り組む銀行も増えつつある。たとえば、ある欧州の銀行では顧客企業向けのリスクアドバイザリー部門を設置し、為替・金利・コモディティ（商品）のリスクを管理したり、アセットアロケーション（複数の運用資産に対する資金配分のこと）や

関連規制についてのコンサルティングを提供したりしている。残念ながら邦銀はそこまで踏み込めていない。リスクアペタイトの設定などはどこも取り組んでいるが、多くは「設定しただけ」で終わっていて、ビジネス活用には至っていないのが実情である。

③ リスク管理機能のデジタル化

デジタル技術はいま、ビジネスを大きく変革させる決定的なツールとして、経営上、無視できないものになっている。すでにさまざまな場面で用いられているが、リスク・コンプラ部門にも積極的に導入し、両部門のデジタル化を推進するべきだ。

いま各国の先進行で進められているのは、労働集約型で行ってきた作業をデジタルに置き換える取組みだ。たとえばマネー・ローンダリング対策に不可欠なKYCのプロセスに関しては3つの非効率があるといわれるが（図表8-4）、ここは比較的単純で、繰り返しの多い作業分野なので、RPAやAI、機械学習などを導入するメリットが大きい。実際、約8,000万件の取引データに機械学習を適用し、マネー・ローンダリングのアラート抽出作業を70〜90％効率化できた事例もある。そのほか、デジタルを活用して効果をあげた事例として、中小企業の信用格付けにダイナミックスコアリングシステムを導入し、審査プロセスにメリハリをつけることで毎年のレビュープロセスの効率性を20〜25％高めた事例や、中小企業の与信に自動与信システムを導入することでローンの処理時間を75％削減すると同時に、顧客・RM間のやりとり（電話、面会）の回数を大幅に減らした事例などがある。

このような変革を部分最適にとどまらずに全社レベルで実行するためには、「未来型CRO」のイニシアティブによりデジタル戦略を構築するとともに、目指すオペレーティングモデルを定義したうえで、人材・カルチャー、データ、テクノロジー、エコシステムなどオペレーションを支えるさまざまな要素をイネーブラーとして動かしていくことが必要となる。このようなイニシアティブを実現するために、BCGではデジタル化検討フレームワークに沿ってクライアントのリスク戦略構築からロードマップ策定、実行までを

図表8−4　現在のKYCプロセスの3つのレベルでの非効率とその対応策

グループレベル

標準化され実務レベルにまで具体化されたKYCプロセスがない

・各地域で、規制／要件が異なる
・グループ基準でのコンセンサスが概念レベルにとどまっている
・取扱いのむずかしいグループ基準

・KYC機能を集約し、グローバルベースでのKYCプロセス統一

現地／地区レベル

矛盾する方針と手続

・規制要件が根本的に相異なるという一般的認識
・グループ基準についてのコンセンサスの欠乏

・フロントから独立したKYCチームを組成し、KYC業務に関する対応を一元化

現場レベル

フラストレーションの高まりと営業活動の制限

・多くの矛盾する方針／手続を取り扱う必要性
・正確で標準化された情報、文書、作業要件の欠如
・顧客満足に影響を与えかねない高頻度での顧客とのコミュニケーション要求

・RPAの導入により業務の自動化を促進

（出所）　BCG分析

一連で支援している（図表8−5）。

④　イノベーションや競争優位構築に向けたレグテックの活用

　「未来型CRO」は、デジタル化を推進するにあたっては、規制対応業務をすべて自前で行うのではなく、外部のレグテックの活用もあわせて検討するべきだ。5章でも触れたが、レグテックとはレギュレーションとテクノロジーを掛け合わせた造語で、業務の効率化やコスト削減、パフォーマンスの向上、競争力の強化などに寄与すると期待され年々負担の増加するコンプライアンス分野の重要なソリューションの1つとなっている（図表8−6）。

　具体例をあげると、たとえば自然言語処理を応用したモニタリングエンジンを導入すると先述したLIBOR問題のような不正を防ぎやすくなる。LIBOR問題ではトレーダーがテキストチャット上で隠語を駆使しながら金利を操作したが、すべてのテキストチャットを人が追うには時間がかかる

図表8-5　リスク管理のデジタル化検討フレームワーク

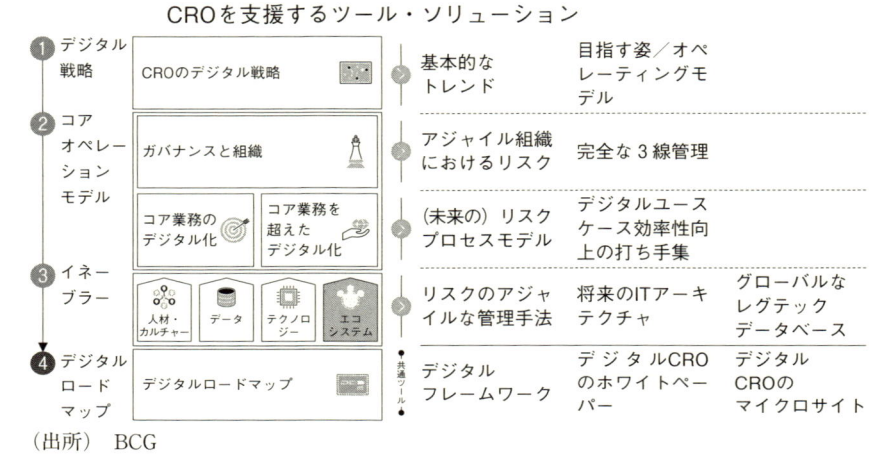

CROを支援するツール・ソリューション

（出所）　BCG

図表8-6　レグテックの導入により、規制対応業務の効率化や
コスト削減効果が期待できる

金融機関におけるレグテック導入のねらい

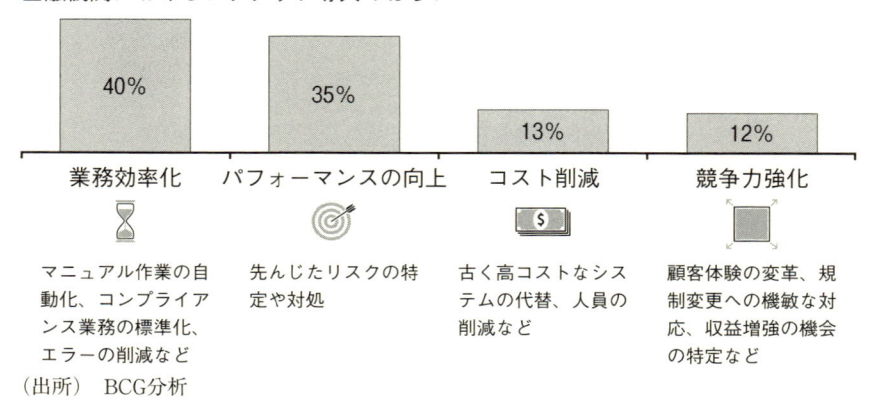

（出所）　BCG分析

し、それで不正をキャッチできるとも限らない。特に邦銀のリスク・コンプラ部門には「目でみる」文化があるが、疑わしい単語や表現を自動的に検出するほうが効果的で、リスクベースのモニタリングにもなる。

また競争力の強化という点では、レグテックを活用することで顧客体験を高められる場合がある。現在は規制が厳しく、たとえば窓口で高齢の顧客に投資信託を販売する際には顧客の知識・経験・財産の状況などに応じて適当と認められるセールスをしないといけない。あるいは、企業と新たに取引を始める場合、さまざまな確認書類を相手に要求しないといけない。そうした部分にレグテックを導入して効率的なプロセスを生み出せれば、サービスの質が向上し、結果的に顧客にとっての銀行体験・取引体験が向上する可能性がある。

　BCGの調査ではレグテックサービスを提供する企業は北米（米国、カナダなど）に133社、欧州・中東・アフリカ（英国、アイルランド、スイス、オランダなど）に168社、アジア太平洋（オーストラリア、シンガポール、インド、香港など）に61社ある（図表8－7）。日本には、当局のスタンスが欧米ほど厳しくないことや日本語自体が英語と比較して構造化しづらいという技術的なハードルがあることなどから、有力なレグテック企業が現時点ではそれほど育っていない。そのため、邦銀がレグテックサービスを利用する場合には日

図表8－7　地域×サービスのレグテック提供社数

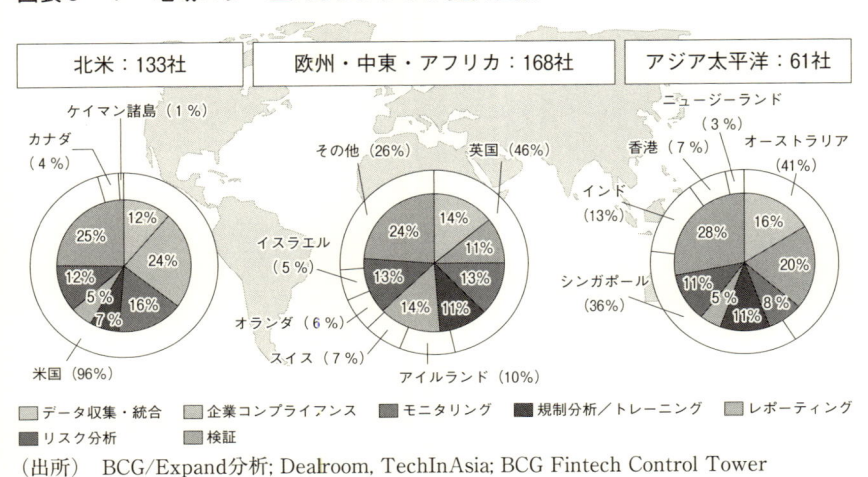

（出所）　BCG/Expand分析; Dealroom, TechInAsia; BCG Fintech Control Tower

本に拠点を置く海外企業などにアプローチする必要がある。もちろん、レグテックの活用により第三者に業務を委託するリスクはあるが、各国の当局がレグテックの活用をサポートする動きをみせていることもあるため、「未来型CRO」にはレグテック活用のリスクとリターンを正しく把握したうえでリスク・コンプラ部門に変革を起こすことが期待される。

邦銀が競争優位を確保するために必要な2つのチャレンジ

　以上のことをふまえ、邦銀がチャレンジすべきこととして、2つの提言を記しておきたい。

　1つ目はリスク・コンプラ部門の役割や位置づけを見直すことだ。邦銀において、CSO（最高戦略責任者）やCOO（最高執行責任者）はCEOへのキャリアパスの途中にあるが、CROは時にして“上がりポスト”のような位置づけになっていることがある。それを是正するためにも、CROは、リスク・コンプラの遵守という最低限の役割を果たしつつ、「ルールの裏にある思想」をしっかりと理解し、ビジネス部門に対してプロアクティブに助言をしていくことが求められる。それができれば両部門の価値が見直され、行内での位置づけも高まっていくはずだ。

　同時に、ビジネス部門との人事ローテーションを活発に行うことや、リスク・コンプラ部門の評価体系を見直すことなどのアクションも必要になる。邦銀の場合、一般的には欧米銀と比べてローテーションが盛んではあるものの、リスク・コンプラ部門に一度配属されるとずっとそのまま、というケースもよくみられる。ビジネスセンスのある人材がリスク・コンプラ部門に一時的に移ったり、アクセルもブレーキも踏める人材がビジネス部門に移ったりするケースをもう少し増やすべきだ。

　2つ目はデジタル投資を推進することだ。繰り返し述べたように、邦銀は巨額の罰金を科される可能性が相対的に低かったため、ビジネス部門への投資案件に比べてリスク・コンプラ部門へのデジタル投資予算の優先順位が低い傾向にある。もちろん、新規制対応の予算はしっかりつくものの、「いま

ある業務をデジタル化するための投資」という話になると優先順位が一気に低くなる。デジタル化は単なる効率化にとどまらずリスクを早期に発見・防止する役割ももっている。欧米当局が規制の域外適用を進めており、邦銀は欧米銀と同じリスクにさらされているともいえるなかで、そのリスクを認識すると同時に、デジタル投資を積極的に活用することで、グローバルな戦略的優位を築いていく必要がある。

　現状、邦銀はリスク・コンプラについての変革に向けての問題意識や危機意識が乏しい。安全性という観点ではこれまで手堅く対応し、重大な問題も起こしていないため、経営トップも「リスクを安全に管理できている」「やり方を無理やり変える必要はない」と考えているふしもある。安全ばかりに目を向け、リスキーなものを全部はねのけていたら、事故は起きないが、それではビジネスは育たず、次の時代の競争優位を失うことになりかねない。邦銀のリスク・コンプラ部門は規定違反の数をゼロにするといったことがKPIになっているケースもあるが、CROには「最低限のルールは守りながらどのリスクをどこまでとりにいくのか」といった積極的な判断が求められる。

9章

人材・人事の未来

序　章
6章　チャネルの未来

1章 決済の未来	2章 個人向け 貸出の未来	3章 個人向け 運用の未来	4章 中小企業金融 の未来	5章 大企業金融 の未来

7章　IT／オペレーション／事務の未来
3章　リスク管理の未来
9章　人材・人事の未来
10章　働き方の未来

「戦略を実行する人が足りない」「行員が動かない」「優秀な人材のリテンションが困難」——筆者が銀行内でよく聞く嘆きである。業界環境が劇的に変化するなか、従来の発想での人事制度・運営が機能不全に陥りつつある。邦銀の人事が新たな時代へ適応するためには、人事×社内の視点に閉じない、「ビジネス戦略目線での人材ポートフォリオの再構築」と「競合・他業界との人材獲得競争に打ち勝つエンゲージメント向上」の両面からのアプローチがいっそう重要となっている。

人事改革を迫る3つの潮流——多様化、変化の時代、デジタル

これまで邦銀における人事では、安定的なビジネスモデルを前提に、総合職・一般職として国内で採用されジェネラリストとして育てられた均質的な行員を、行内の資源配分の観点から管理するモデルが主流であった。しかし銀行はいま、従来型の人材マネジメントのあり方を転換させる必要に迫られている。その背景には次の3つの潮流がある（図表9-1）。

図表9-1　人事改革を迫る3つの潮流

 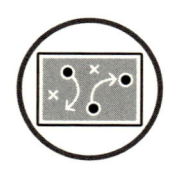 

「多様化」
・事業ポートフォリオ／ビジネスモデルの多様化・複雑化（需要サイド）
・世代・ジェンダー・働き方の多様性（供給サイド）

「変化の時代」
・従来型銀行員のスキル・経験の"陳腐化"リスク
・「問いの設定・コンセプト創造」の重要性（⇔分析を通じ論理的に解を出す）

「デジタル」
・デジタル人材の獲得・育成
・「人」ならではのスキルの再定義
・デジタルに必須のカルチャー改革
　→顧客起点、挑戦や試行錯誤、権限委譲と自律性、オープン&コラボレーション

（出所）　BCGプロジェクト

人材の需給双方での多様化の拡大

　1つ目の潮流は「人材の多様化」だ。

　本書で繰り返し述べてきたとおり、銀行は昨今の環境、業界構造の劇的な変化により、事業ポートフォリオの組替えを含むビジネスモデルの改革を迫られている。それに伴い多様な領域で高度な専門性をもつ人材を確保していく必要性が高まり、これまでの均質な人材像を前提とした制度がうまく機能しなくなっている。

　銀行本体のなかでもプロジェクトファイナンス、トランザクションバンキング、プライベートバンキングなどの専門人材のニーズが拡大しているうえに、グループ企業の証券、信託、リース、アセットマネジメントなどの専門人材も強化しなければならない。さらに国内のマザーマーケットが縮小基調にあることで、大手行ではグローバル化も推進していく必要がある。フロントオフィスに限らずリスク管理、グローバルコンプライアンス、デジタル・ITなどにかかわる本社人材もしかりだ。国内外で多様な人材を確保しなければ、それにより足元をすくわれることにもなりかねない。

　日々の業務遂行を支える人材に加えて、経営コア人材の重要性の高まりも見逃せない。さまざまな金融機関で「わが社にはこの困難な時代をリードできるリーダー人材が枯渇している」という声を耳にする。不確実性・複雑性が高まり、変化のスピードが速まるなか、より高度な経営判断を求められる場面が増えているためだ。邦銀でもいわゆる幹部候補・エリートが選抜される慣行は従来からあるが、複雑な環境では、経営スキルとリーダーシップを兼ね備え、変革を主導する経営コア人材の層の厚みが、いままで以上に競争優位を大きく左右する。

　多様性にかかわる課題は、人材の供給サイドにも見え隠れする。たとえば、シニア人材の増加は金融機関にとって大きな悩みの種だ。シニア人材は職務遂行能力、学習・勤労意欲などに大きなばらつきがあり、従来は役職定年、子会社への再就職等を含めた施策により対応していた。だが、人生100年時代を前提とした働き方の変化や、人材供給の逼迫などから、シニアを積

極的に活用することも議論されている。一方で厳しいコスト負担や若手・中堅世代との不平等感への対応などの課題もすでに顕在化している。

さらに、いわゆるミレニアル世代の台頭により、1つの組織で成果をあげ・昇進を目指すのではなく、新卒入社した企業にこだわらず、自己成長や働く意義に重きを置く人材が増えているため、採用・育成・評価・キャリアパス等のあり方の再考も迫られている。これに加えて、女性のいっそうの活躍、勤務時間・勤務場所の柔軟性へのニーズの高まりなどに代表される働き方をめぐる価値観の多様化に対しても考慮が必要となる。

事業環境の急速な変化

2つ目の潮流は「変化の時代」だ。

マクロ経済・市場環境の構造変化により預貸ビジネスをコアとする安定的な収益基盤が脅かされるなか、銀行は新たな価値提供・収益機会を見出し、事業・組織のあり方を大きく素早く見直す必要性が生じている。それにより、「ビジネスニーズの変化」と「適切な人材の供給」のミスマッチが質と量の両面で生じやすくなっている。

重要性が高まる個人向け資産運用サービスのスキル不足、法人向けのグローバル人材や非金利ビジネスの担い手の逼迫、機関投資家向けサービスの経験者の不足、チャネル構造改革（Web・モバイルへのシフトなど）に伴う支店人員に求められるスキルの変化、クラウド化やパッケージソフトの活用進展によるIT人材のスキルギャップ、新規事業や異業種とのアライアンスを仕掛ける事業開発人材の圧倒的な不足——ミスマッチの例は枚挙のいとまもない。要は急激な時代の変化のなかで従来型銀行員が"陳腐化"する事態に見舞われているといえる。

加えて、変化の時代においていっそう重要になるのが、「問いの設定・コンセプト創造」である。予定調和的な世界観のなかでは、「分析を通じ論理的に解を出す」ことで生産性を高める発想はおおいに機能する。しかし、変化が激しく先が読みにくい時代においては分析のみで解は見出せない。不確実性のなかから価値創出に向けたそもそもの論点を設定し、要点を結晶化し

た方向づけをすることができなければ、どれだけ分析・議論を重ねてもその先に答えは見出せないのだ。こうした思考の転換も「変化の時代」が人材要件に与える影響の一側面となる。

デジタル化への対応

3つ目の潮流は「デジタル」だ。

デジタル化はその進化スピードと従来のビジネスモデルを破壊するインパクトの大きさゆえ、前述の人材マネジメント上のミスマッチをさらに拡大させる要因になっている。前段で触れた多様化・急速な変化という観点に加え、特に重視するべき点として次の3つをあげたい。

第一に、従来の銀行員とは異なる高度なデジタル人材の獲得・活用・確保があげられる。「デジタル人材」の定義はあいまいで、高度なデータ分析・AIを駆使するアナリティクス人材、ユーザーエクスペリエンスを作り込むデザイン人材、最先端のデジタル技術でシステムを実装するエンジニア等さまざまである。いずれも従来の銀行が採用・育成してこなかった人材で、外部から中途採用することや、内部のIT人材やビジネス人材を「デジタル化」すること（デジタル教育を施すこと）をあわせて検討する必要がある。

第二に、デジタル時代における「人ならではのスキル」の再定義である。これまで人が担ってきた分析・判断、顧客接点、アイデアの幅出しなどがデジタル技術によって代替される可能性が高まるなか、大多数の行員がデジタルテクノロジーをパートナーとして共存しながら、より高次な役割へ自らの機能をシフトしていく必要に迫られている。顧客接点における人間の非合理も包含した共感、過去のパターン分析からは導出できない非連続的なクリエイティビティ、長期トレンド・複雑な因果からの示唆を導出したうえでの意義・方向づけなどがいっそう重要になり、求める人材像や育成も大きく変容しうる。

第三のポイントは、デジタル時代に必要となるカルチャー変革の必要性である。デジタルの本質は顧客視点を中核として、新たな技術を活用し、従来はかなわなかったビジネスモデルやオペレーションをスピーディーに実現す

るトランスフォーメーション／イノベーションである。この実現のために
は、従来の銀行カルチャーからの大きな転換が必要となる。「顧客起点の着
想（≠プロダクト起点）」「挑戦や試行錯誤を奨励する風土（≠リスク回避重
視・減点主義)」「現場に近い人材への権限委譲と自律性強化（≠上意下達)」
「オープンでコラボラティブな働き方の促進」（≠タテ割り）など、必ずしも
従来の銀行が得意としてこなかった仕事のやり方や考え方が、今後のデジタ
ル活用のカギとなる。

人材マネジメントにおける発想の転換

　当然のことながらこうした課題は銀行の組織内でも認識され、危機意識を
もって議論されている。だが、解決に向けた動きは鈍いことが多い。「新た
な戦略を実行する人が足りない」「行員が動かない」という嘆きは行内でよ
く耳にしてきたが、最近では業界環境の厳しさも相まって、これに「優秀な
人材のリテンションが困難」という声が加わっている。

　筆者はこれまで銀行を含む多くの金融機関の人材マネジメント改革を支援
してきた。その経験から、銀行の人材マネジメントを根本から変えていくた
めには、2つの視点から発想を大きく転換することが必要だと考えている
（図表9-2）。

　1つ目は、「ビジネス戦略目線での人材ポートフォリオの再構築」という
視点である。人事側の論理で比較的均質な人材の資源配分を行う従来の人材
マネジメントは安定的なビジネスモデルを前提としたやり方で、そのなかで
は十分に機能していた。だが、多様性・変化の時代にこのやり方は通用しな
くなっている。結果として、環境変化をふまえ事業戦略を立案し、組織を再
設計し、経営計画やプロジェクトをスタートさせても、ビジネス側と人材戦
略の分断により、人不足や行動変革の停滞を招く場面を非常に多く目にす
る。フロントの各事業・本社機能と人事が密接に連携し、個別性の強い業
務・組織特性をふまえたうえで、ダイナミックかつ戦略的に人材ポートフォ
リオの定義と需給ギャップの解消方法を検討することがいままで以上に重要

図表9－2　人材マネジメントにおける発想の転換

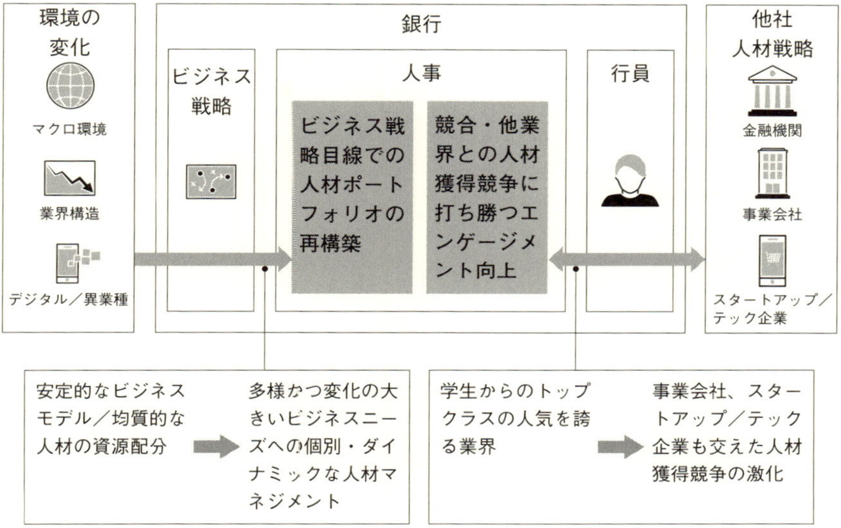

（出所）　BCGプロジェクト

となっている。

　2つ目の視点は「競合・他業界との人材獲得競争に打ち勝つエンゲージメント向上」である。かつては学生からトッププラスの人気を誇った銀行業界であるが、業界の先行きの不透明さや硬直的な企業風土のイメージもあり、職場としての相対的な魅力が低下している現実がある。加えて、人材獲得競争の相手は、銀行業界内・金融業界内を超えて、他業界、スタートアップやテクノロジー企業にも及んでいる。行員や採用候補者が、キャリア形成や働きがいという意味で満足できる環境を提供し動機づけを実現すると同時に、銀行の競争力につながるような人事制度・運営を強化しなければ、魅力的な職場として選ばれないリスクをあらためて認識する必要がある。特に、行員のキャリアや働き方のニーズは多様化・変化しており、従来の画一的な制度・運用から、社員個々人を起点とした仕組みに移行していく必要がある。

人材マネジメント改革のポイント

「ビジネス戦略目線での人材ポートフォリオの再構築」と「競合・他業界との人材獲得競争に打ち勝つエンゲージメント向上」という２つの視点について、より具体的なポイントをご紹介したい。

ビジネス戦略目線での人材ポートフォリオの再構築

将来の人材ポートフォリオのあり方を考えるにあたっては、図表９−３に示したように、目標とする事業ポートフォリオを前提に事業・機能ごとに必要な人材要件を特定することがその出発点となる。フロント業務でいえば、商品や機能ごとに人材要件の類型（クラスター）を定め、求めるスキルセットも定義したうえで、将来の事業計画に沿ったかたちでそれぞれ必要な人員数をシミュレーションする。その際には、必要に応じて職位や年齢などの階層も含めて検討し、人材ピラミッドの適正化も考慮する。これは、いわば質・量両面から将来の人材ポートフォリオの理想形を描いていく作業といえ

図表９−３　ビジネス戦略目線での人材ポートフォリオの再構築

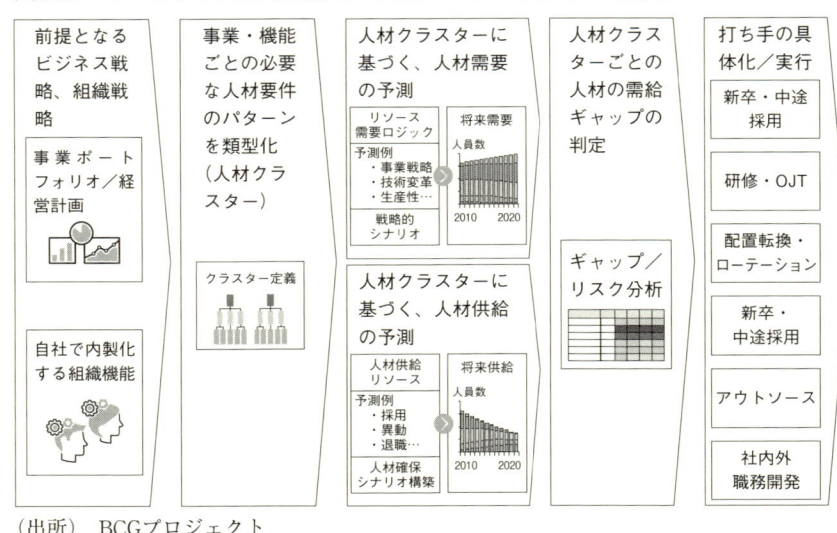

（出所）　BCGプロジェクト

る。

　あわせて見極めなければならないのが、どの機能を内製化し、どの機能を外部化するのかという点だ。特にデジタル時代においては、すべての機能を自前で整備するという垂直統合型の発想から脱し、エコシステムのなかで提携先、アウトソース先、関係会社などの外部を活用して人材を確保することも想定するべきだ。どのような組織能力を社内で確保するかというポイントは、自社固有の競合優位の源泉、いわゆるコアコンピテンスを突き詰めるうえでも重要な視点となる。特に地域金融機関においては、限られたリソースを前提に自前で確保すべき機能・人材を突き詰めて検討する必要性はより大きくなる。

　人材ポートフォリオの将来像を定義できたら、次は現状の人材ポートフォリオの棚卸しとギャップ分析に入る。これは、前段で定義した人材のクラスターごとに、採用・育成・退職などの計数を仮置きしながらシミュレーションを行い、どのクラスターで、いつ、どの程度の人材の過不足が発生するかを見える化する分析だ。このとき、デジタルによる効率化や業務そのものの縮小などに伴う人員の削減や異動も考慮に入れる必要がある。所属組織・職務経歴書・スキルアセスメントなどの人材データや先端的な分析手法（ピープルアナリティクス）をフル活用して行う作業となる。

　最後に、人材クラスターごとに、足りない人材をどうするかという具体的な打ち手を紐付ける。

　人材の量的な拡大については、新卒・中途採用、アウトソース、配置転換などを業務にあわせて検討していく。銀行では、伝統的に新卒採用とローテーションにより人員を確保してきたが、テクノロジーに精通する人材の確保では、中途採用とその受け皿の検討もあわせて必要となる。

　人材の質の向上に関しては、研修やOJTなどに加え、目指す人材像に必要なスキルを計画的に獲得させるキャリアパスの設計と、単に要員を配置するだけでない、戦略的な育成目線のローテーションがカギとなる。

　さらに、余剰人員への対応では、リスキルの機会を提供したうえでの配置

転換（例：事務から営業・顧客サービス）、社内における職務開発（例：営業担当の一部作業の切出し）、社外でのキャリア開発など、多面的な取組みが必要となる。

　「現状」と「目指す姿」のギャップを明らかにし、そのギャップを埋める策を打つという３段階のこのアプローチはやや教科書的ではあるが、きちんとやっておくべきものだ。というのも、前述のとおり、主にジェネラリストを育成してきた銀行では特定の事業や機能を実現するうえでの専門人材のクラスターを育成するという考え方が薄いためだ。「法人畑」「リテール畑」など、漠然とした専門分野があるにはあるが、専門人材の育成はより細かい単位で体系的に行う必要があろう。フロントの人材に加え、本社機能を担当する人材であったとしても、財務、リスク管理、コンプライアンス、オペレーション、ITなど、高度な専門性が競争優位を左右する領域が多数存在し、人材ポートフォリオの重要性は変わらない。

　人材ポートフォリオマネジメントの打ち手として、１点付け加えたい点が、経営層を担う人材のサクセション（後継者育成）プランと、タレントマネジメント（経営トップ候補の特定と育成）である。経営人材の計画的な育成はコーポレートガバナンスコードにも明記され、いっそう重視されつつある。事業の流れをふまえた中長期の体系的な取組みが必要だ。前述のとおり、変革型リーダーの層の厚さは、銀行の存亡を左右する大きな要素といえるが、欧米金融機関の体系的な仕組みと比べ、邦銀においてはいまだ強化の余地が大きい。サクセションプランでは経営上重要なポストを絞り込み、その職務要件・必要な能力を定義したうえで、候補者のパイプラインを見える化するとともに育成計画を具体化し、ローテーションやコーチングを体系的に行う。将来のCEOなどの最トップ層候補のタレントマネジメントでは候補人材（全体の数％以下）を選抜したうえで、事業・機能・地域や国横断の戦略ローテーションを行い広い視野を身につけさせる。加えて、新規事業、事業再建、非連続な成長目標などの高いゴールを課して成長を促すとともに、高度なマネジメント能力の適性を見定めることも行う。

競合・他業界との人材獲得競争に打ち勝つエンゲージメント向上

ここでは特に新たな時代への対応という観点で4つのポイントをあげたい（図表9−4）。

① 多様かつオープンな「キャリアパス」の実現
② デジタル化を支える「育成」
③ 育成・行動変革ツールとしての「評価」
④ 企業としての「存在意義（Purpose）」の明確化

① 多様かつオープンな「キャリアパス」の実現

多彩な人材を求める経営側のニーズや、社員自身のキャリアに対するニーズの多様化に伴って、それぞれの人材に固有の、パーソナライズされたキャリアパスを描く必要性が高まっている。特にミレニアル世代にはキャリアやスキルを、会社・人事部に委ねずに主体的に構築したいという志向が強く、

図表9−4 他社・他業界との人材獲得競争に打ち勝つエンゲージメント向上

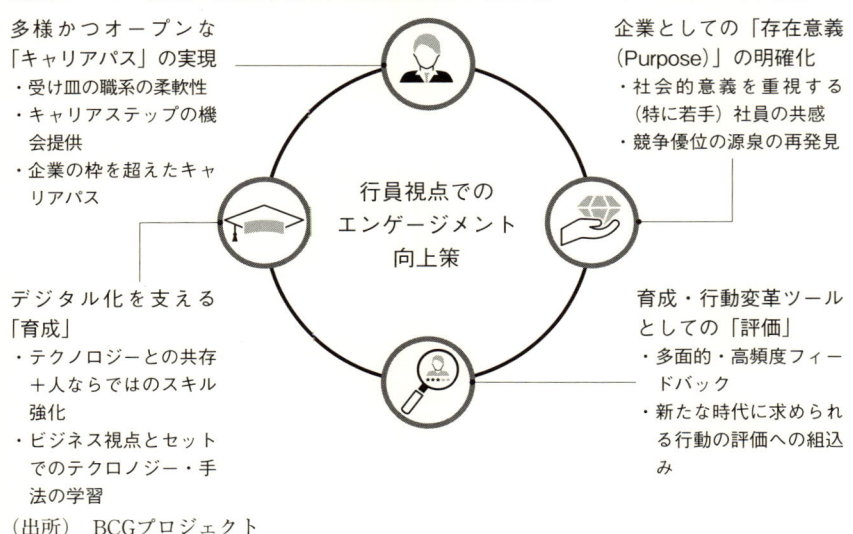

（出所） BCGプロジェクト

それらにも対応していく必要がある。

そのためにはまず、職系・コース設計のあり方から見直さなければならない。均質的な人材像を前提とした「総合職」「一般職」といった制度では多様な人材の受け皿とはなりにくいためだ。

労働市場での市場価値が高い高度な金融専門人材や、AIやブロックチェーンなど先進的なデジタル技術の知見をもつエンジニア、また、家庭や社会貢献、あるいは他の業務との副業・兼業など含めた仕事のポートフォリオを柔軟に組みたい人材、女性・シニアなど、さまざまな人材それぞれにフィットする職務定義、キャリアパス、報酬、働き方を包含した職系・コース設計は今後の人事運営のベースとなる。均質性から多様性への転換は、お題目にとどめてはならず、経営の根幹とするべきものだ。

さらに、どのような職務を経験するかという「キャリアステップ」についても再考が求められる。従来の日本企業では、キャリアはそれぞれの企業のなかで形成するものと考えられ、配属先の意思決定では本人の意向もふまえつつ、基本的には企業側の育成プランや需給の調整が優先されていた。

だが、これからはキャリアステップの設計にあたっても、社員の成長・キャリア形成の観点を重視する方向に舵を切る必要がある。前述のとおり、ミレニアル世代にとっては所属企業が成長やアスピレーション実現を後押ししてくれるという認識が、エンゲージメントを高める1つの大きな要素となる。また、大手金融機関であれば、さまざまな企業・公的機関との関係も強く、グローバルのネットワークもあり、多様な成長機会が提供可能であろう。これらの点を社内外にきちんと伝えることが重要となってくる。

また、人生100年時代という観点では、銀行を退職した後にも外の組織で就業が可能なよう、ある程度若いうちから専門性の習得を目指すトレーニングやリカレント教育を始めるなどの施策も検討すべきだろう。

さらに、デジタル時代においてはイノベーションや他業種とのコラボレーションの重要度がますます高まる。新たな発想や知見を得るため、またネットワーキングのためなどからも、企業の枠を超えたオープンなキャリアパス

構築の支援も1つの要素となる。日本の企業においても副業・兼業の容認、出向などのほか、一度自社を退職して他業界を経験した人材の「出戻り」を奨励する例、「アラムナイ（卒業生）」という発想でOB／OGのコミュニティを活性化する仕組みをつくる例もある。

　キャリアパスを社内に閉じず、社員のその先のキャリアパスを見据えた人材マネジメントを目指す必要があるともいえる。

②　デジタル化を支える「育成」

　デジタル化の進展に伴い、育成のあり方も大きく見直す必要がある。

　すべての人材がデジタル人材になる必要はない。だが、中長期的にはすべての業務にテクノロジーが抜きがたくかかわり、人と機械の協働を前提に業務が組み立てられるようになると考えると、育成の目標も変わってくる。3章で触れた個人の資産運用でいえば、ポートフォリオの構築などの部分はAIを活用して高度化し、人は意思決定の段階を担当して、感情面も含めて細かくケアするかたちに変わってくる可能性が高い。そうなると目指す人材ポートフォリオは数理に強いクオンツの専門家を数多くそろえることではなく、テクノロジーと付き合いつつ、人としての高度なコミュニケーションスキルを併せ持つ人材の厚みを増すことに変わってくるだろう。

　さらに、プロダクト・サービスそしてオペレーションの開発や設計に携わる人材はテクノロジー視点とビジネス視点の双方を持ち合わせる必要がある。技術面では、技術の内容を理解するだけでなく、デジタル時代の新たな思想（例：カスタマーセントリシティ）、働き方（アジャイル）などを含めて学ぶことが求められるだろう。

　それにはプログラミングやエンジニアリングの素養のある内部人材をデジタル人材へとリスキルしていくのが現実的だが、これまでのウォーターフォール型の働き方から、デジタル時代のアジャイルな働き方へとマインドセットを変えていくことになるため、対象者にとっては大きな方向転換となる。既存の研修制度やカリキュラムに少し手を加え、単発でアジャイルの研修を実施するような取組みでは不十分で、従来とは異なる発想の体系的育成

プログラムを整える必要がある。たとえば、海外企業では、デジタル人材育成に特化した「センター」や「アカデミー」を設け、OJTにもコーチングやアジャイルの実践などの仕掛けを組み込み、デジタルの人材の拡大再生産を促す例がある。

アジャイルについては、10章で詳しく解説しているのでここでは詳細は割愛する。

③　育成・行動変革ツールとしての「評価」

育成と深く関連するのが評価である。従来の業績・目標管理は、MBO（目標管理制度）などを活用し、組織の業績目標に沿って部門や従業員の目標を設定していた。人事考課は年に一度、上司から部下に対する査定というかたちで、能力評価とあわせて報酬や昇進もこれにより決まるという流れである。

安定的な事業環境においては、こうしたやり方がうまく機能していた。だが、業務の内容が著しく多様になり、目まぐるしく変化するとともにそのスピードも上がっている昨今、年に一度成長サイクルを回すだけでは、人材の価値は向上はおろか相対的に低下していくおそれがある。評価に関しては、2つの発想の転換がトレンドとなっている。

1つは、高頻度、かつ同僚からの評価に重点を置いた新しい評価やフィードバックの仕組みを構築し、「育成」の一要素として活用することである。これはグローバルで顕著になりつつある流れに沿ったもので、評価という枠組みを人材の「管理」ではなく、「育成」の目的で使うという発想の転換だ。

ビジネスモデルや人材要件が刻々と変わることで社員のスキルギャップは従来以上に生じやすい構造になっており、必要なスキルを小まめに調整し、成長を助けることの重要性が増している。

日々の業務のなかでの上司からの指導・コーチングも従来どおり重要だが、評価やフィードバックのやり方を見直すことも有効な策となる。同僚からのアドバイスやフィードバックを、アプリを経由して高頻度で提供する仕組みを導入し、組織全体で評価を活用して育成を加速化する海外企業もあ

る。従業員側からすれば、上長からの「指導」というかたちではなく、仕事を回すうえでより実践的で有用なヒントを何度ももらえることになる。これはやりがいや成長実感につながり、エンゲージメントの確保という意味でも意義が大きい。

また、求められる行動特性を評価の枠組みに組み込むことで、評価を組織カルチャー醸成の重要な変革レバーとすることもできる。特にイノベーションのための健全なリスクテイクの促進、社内外の組織横断的な協働の促進、デザイン思考の起点となる顧客中心主義、スピードなどは、デジタル時代に求められる行動特性として不可欠な要素となるだろう。

実際の行動を変えていくにあたっては、100％達成することを前提としない挑戦的な目標水準を課して、組織のミッションを個人のミッション・定量の結果指標まで落とし込むOKR（Objective and Key Results）などの視点や、同僚によるレビューをさらに活用することで、挑戦やイノベーションを促したり、組織間の協働をより促したりすることも必要となろう。

また、先進的な金融機関では顧客の声（Voice of Customer）を組織的に収集し、組織・個人評価に反映することで、顧客中心主義を強化させる仕組みを取り入れている企業もある。

減点主義や予定調和、サイロに閉じた部分最適、銀行目線のサプライヤーロジック——など、従来の考え方を超えるという経営の意思を強くみせる観点で、設定項目の内容、優先順位づけ、評価プロセス、評価結果の活用方法まで含めて見直す必要が生じてくる。

特に、日々の成長、挑戦の姿勢、顧客志向などは、デジタル時代の必須の行動特性であり、重要な変革レバーである評価のあり方を変えていかないと、時代の要請に応え切れないだろう。

④ 企業としての「存在意義（Purpose）」の明確化

最後に加えたい視点が企業の存在意義（Purpose）の明確化である。Purposeとは、ⅰ）企業の独自の強み、根源的な価値は何か。ⅱ）世界が充足を求める社会・経済的ニーズは何か。という2つの問いを重ねて、それぞれ

の企業の存在意義、つまり、その企業がこの社会でなぜ、何のために存在しているのか（Why）を定義する枠組みであり、グローバルな先進的企業で注目が集まっている。

これまでは安定性や高い収入、社会的な地位などが銀行の就職先としての価値と直結していたが、若手を中心にそれらの意味は薄れつつある。たしかに、収入や出世は従業員への提供価値の1つではあるが、ミレニアル世代やデジタル人材などでは特に収入よりも成長機会や「やりがい」、またその企業の社会的な存在意義（Purpose）を重くみる傾向がある。裏返せば、成長やアスピレーションの実現の根底にある「働く意義」という層で社員が共感できるような存在意義を示すことが、人材獲得競争における高い優位性につながる時代に突入したといえる。

銀行は、根源的には経済や人々の暮らしの発展に直結する社会インフラであるにもかかわらず、顧客視点からは日本の金融サービスは利便性・効率性においていまだ満足のいくものとは言いがたい。逆説的ではあるが、だからこそ社会・人々の暮らしを大きく変えるチャンス、裏返せば社会的な存在意義が大きい業界だといえる。社員・採用の候補者を引き付けるヒントがそこにあるはずだ。

人材マネジメントの課題は、重要性は高いが緊急性は低いタイプの課題の典型であり、危機意識があっても先送りされてしまいがちだ。だが、人材ポートフォリオや人材マネジメントの仕組みを修正するには少なくとも数年はかかる。先を見据えていま手を打っておかなければ手遅れになるおそれがある。

筆者は日々の業務のなかで経営層から現場まで幅広いクライアントと議論する機会をいただくことが多いが、どの年代のクライアントでも、銀行業にかける熱い想いや高い能力は時代を超えて変わらないものだと感じている。だが一方で、時代や業界構造の変化に適応しようとしても、既存の人事制度やカルチャーが足かせとなり変革が停滞している場面も散見される。人材の

大きなポテンシャルを引き出す（Unlock the Potential）ことができれば、新たな時代においても銀行業はさらに進化し、顧客・社会にさらに大きな価値をもたらすことが可能だと信じている。

働き方の未来

「アジャイル」が変える組織のあり方

序　章				
6章　チャネルの未来				
1章 決済の未来	2章 個人向け 貸出の未来	3章 個人向け 運用の未来	4章 中小企業金融 の未来	5章 大企業金融 の未来
7章　IT／オペレーション／事務の未来				
8章　リスク管理の未来				
9章　人材・人事の未来				
10章　働き方の未来				

オランダINGの改革を主導した元CEOのニック・ジューは、大手金融機関の現状を「グレイハウンド（猟犬）に追われるゾウ」になぞらえる。フィンテックをはじめとする新規プレーヤー、「グレイハウンド」に追われる巨大で柔軟性に欠ける動物のようだと周囲に思われている、というのだ。伝統的企業が苦戦している理由の1つは、新しい環境への迅速な適応やイノベーションの創出に適さない、従来型の「働き方」にある。この章では、「これからの働き方」の方向性を示す、素早く柔軟な働き方「アジャイル」の概要と、既存金融機関がこれを取り入れ、全社展開するためのステップについて紹介したい。

金融機関を取り巻く環境の変化

デジタル化が金融機関を取り巻く環境変化の「スピード」を加速させている。加えて、デジタル化はその「方向性」までも簡単には読み切れないものにしている。既存金融機関のみならず、まったく異なる業界のプレーヤーが思いもよらない打ち手で市場のランドスケープを一変させる例にはこと欠かない。いま金融機関が対峙しているのは、先が読みにくく、答えのない「不確実性の時代」である。

デジタル化の進展に伴うこの不確実性の時代を象徴するトレンドの1つは、トッププレーヤーがビジネス上の優位性を失うスピードが速まっていることだ。独自の技術や革新的なサービスをテコにさまざまなプレーヤーがグレイハウンドのようなスピードでさまざまな事業領域に入り込んでいる。以前は新規プレーヤーが成長するまでに5～10年程度の期間を要していたが、いまはわずか数年でユーザー数や時価総額などの面でトッププレーヤーの仲間入りをする事例も見受けられる。というのも、デジタルの世界では似た用途のいくつものサービスがマーケット・シェアを分け合うことはほとんどなく、急速に1つか2つのサービスに収束していくことが多いためである。LINEグループがモバイル送金・決済サービス「LINE Pay」（ラインペイ）の全世界登録ユーザー数1,000万人を早期に達成したのは象徴的な出来事だ。

この例のみでなく、FacebookやAmazonなど、新興テクノロジー企業の多くは、新たなサービスを次々と生み出し、迅速に市場に投入し、市場投入後も超高速かつ継続的な試行錯誤を通じて顧客体験を高め、あっという間に市場を席捲する——そのような戦い方を信条とする。

変化適応・イノベーションの創出を可能にする
「これからの働き方」とは

こうした戦い方において欠かせないポイントが、既存事業の前向きな否定、新しい環境への迅速な適応、イノベーションを生む創造力である。伝統的企業が苦戦している理由の1つは、これらを前提としない従来型の「働き方」にあるといえる。

伝統的企業では（長きにわたり市場において安定的なポジションを守ってきた金融機関などでは特に）、これまでの成功パターンであった「維持・遂行（踏襲）」を目的とした働き方が組織に深く根を下ろしている。具体的にいえば、下の3つの特性を備えた働き方だ（図表10-1）。

① 現場の動きが、決められたこと／これまでのやり方・ルールから逸脱しないかを集中管理し品質を担保する、中央集権と上意下達のヒエラルキー

図表10-1 「働き方の変化」——適応力を最大化する新たな働き方

	従来の働き方（＝維持・遂行）	これからの働き方（＝適応・創造）
「タテ」	 中央集権とヒエラルキー ・環境変化のスピードに組織の適応が追いつかない	 エンパワーメントと自律性 ・変化を前提に、現場に近い社員が主導し即断即決
「ヨコ」	 サイロの呪縛 ・タテ割り意識が、異質の衝突・融合による創造を阻害	組織の壁を超える協業 ・個々の高い専門性を組み合わせ、アイデアを創造
「動き」	 ウォーターフォール ・企画〜実行までの時間軸が長く、不確実性に対応困難	アジャイル ・不確実性を前提に、スピーディーに変化に対応

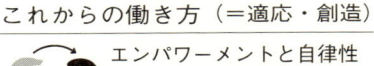

（出所）　BCG

構造

② 決められたこと／これまでのやり方を、より効率的に実現するために、特定機能の磨き込みをかけることを志向し、専門機能特化・分化された組織（タテ割り／サイロ）

③ 企画から実行まで綿密・緻密にタスクを定義したうえで、定義されたとおりに最初から最後までタスクをこなしていく「ウォーターフォール型」の動き方

こうした働き方が有効だったのは、金融機関が規制や既存の枠組みに「守られていた」ためだが、ビル・ゲイツの「銀行機能は必要だが、いまある銀行は必要なくなる」という言葉が示すように、その時代はすでに過去となっている。デジタル時代においては、環境変化にいち早く適応する、ないしは、自ら環境を変えにいくようなイノベーションを仕掛けることが、勝ち残りのカギとなる。そのためには、「維持・遂行（踏襲）」を目的とする「従来の働き方」から、「環境変化への適応・イノベーション（創造）」を促進するこれからの働き方への、抜本的な転換が不可欠だ。それをかたちづくる要素が以下の3つのポイントである。

① 現場への権限移譲と自律性の促進
・何をするにも「上」や本部へおうかがいを立てる手続を繰り返していては、環境変化のスピードに組織の適応が追いつかない
・変化を前提に、現場／市場に近い社員たちが、自律的に判断し変化に適応していく

② 組織の壁（サイロ）を超える協業
・タテ割り／サイロ意識は、お互いの領分を明確にする。意見を活発に交わし合い、ともに問題解決に向かうというよりも、「手続を依頼し合う関係」になってしまいがちだ。これは、異質なもの同士の衝突と融合を通じた創造を阻害する

・新しいアイデアの創造には、異質の人材同士が境界を越え、個々の高い専門性を組み合わせるような働き方が必須である

③ 不確実性・実験を前提とし、変化にスピーディーに対応することを志向した「アジャイルな（機敏な、しなやかな、柔軟な）」動き方の導入

　言うは易しである。こうした要素の重要性は広く認識されているが、この「働き方」を本当に自組織に埋め込むことができている企業はどれほどあるだろうか。単に「メッセージ」を発するだけで組織に浸透するものではなく、それでは社員も思い切った動きはできない。現場のアジャイルな動きを促進するには、①②の要素をあわせて実現することが求められ、それは、既存組織のあらゆる枠組みや制度、そしてカルチャーを変革することを意味する。世界のさまざまな地域でそうした変革の断行を数多く支援してきた私たちは、この新しい働き方への変革に向けた取組みを、「Agile@Scale（アジャイル・アット・スケール、アジャイルの全社への拡大・浸透・埋め込み）」と呼んでいる。

　以下では、「これからの働き方」の重要な要素であるアジャイルについて詳しく解説するとともに、邦銀がAgile@Scaleを実現するためにはどのようなステップを踏めばよいのかを考察する。

「アジャイル」の思想とは

　「アジャイル」はもともと変化の激しい競争環境下で素早くソフトウェア開発をするために考案された手法である。2〜4週間程度に区切った1工程（「スプリント」と呼ばれる）のなかでMVP（実用可能な最小限の機能を備える商品・サービス、Minimum Viable Product）を素早くリリースし、それを使ったユーザーからの反応・反響をふまえて、「何をどう直すべきか」「どんな機能を追加・強化すべきか」を決めていく。ユーザーとの積極的な会話を重視し、トライアンドエラーを重ねながら小刻みにアップグレードをする、といった手法だ。このやり方により、予測がむずかしく、移り変わりの激しい

環境やユーザーニーズをとらえ続けることが可能になる。作業工数自体が減るわけではないが、社内各所・役員らへの根回しや報告のための資料作成にかかる労力を必要最小限に削ぎ落とし、とにかくユーザーへの価値創出に集中することで、リリースまでの時間や社内調整・交渉コストを大幅に圧縮す

図表10－2　大企業の従来型スタイルとアジャイルの違い

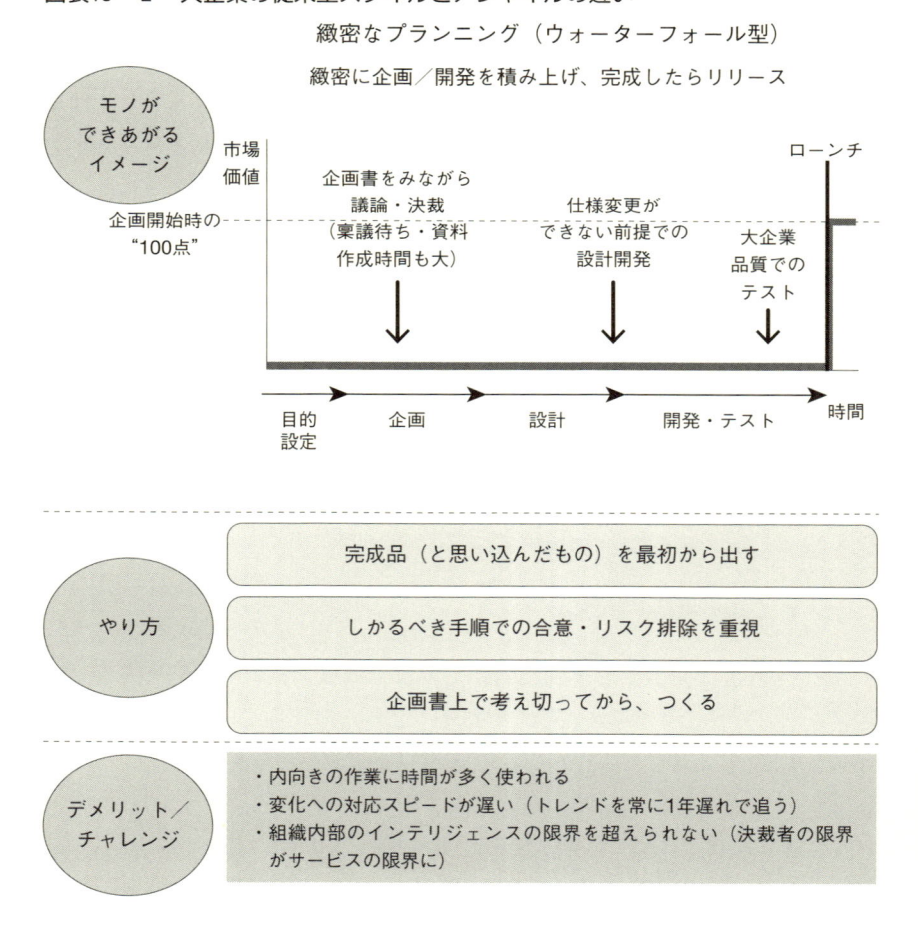

（注）　MVP＝Minimum Viable Product
（出所）　BCG分析

る（図表10-2、図表10-3）。

　この手法のベースには、適応・自律・協業といったキーワードに根差した
「思想・考え方」がある。私たちが重視しているのは、開発手法そのものと
いうよりその思想だ。計画や慣習・社内手続等を絶対とするのではなく、不

アジャイル

最小限のプロダクトをきわめて短い期間でリリース
改善を小サイクルで積み上げ、継続進化

市場
価値

ミニマム／ベンチャー
品質でのローンチ

プロトタイプを最速で
つくり実物をみながら
進化のインプット

市場からの評価／競合の最新事
例／最新技術を日々取り入れな
がらの進化

時間

企画　企画　企画　企画　企画　企画　企画　企画　企画　企画
設計　設計　設計　設計　設計　設計　設計　設計　設計　設計

開発　開発　開発　開発　開発　開発　開発　開発　開発　開発

テスト テスト テスト テスト テスト テスト テスト テスト テスト テスト

> まず最小限を出し、後で進化させる
> （「完成」の水準は市場が判断・日々変わる）

> 変化への対応スピードを重視
> （スモールチームで日々決めていく）

> 実物をみる／客にみせて考える
> （紙の上の議論では必要な気づきの一部しか得られない）

・権限委譲、予算、承認プロセスを変える必要
・プロダクトオーナー等のスキルが必要（トレーニングで改善）
・場所、人員の時間の確保等が必要
・どこをアジャイルでやるか、何をMVP（注）とするか等の切り分け
　にセンスと知見が必要
・常に仮決めで進むので、当初は気持ち悪さが残る

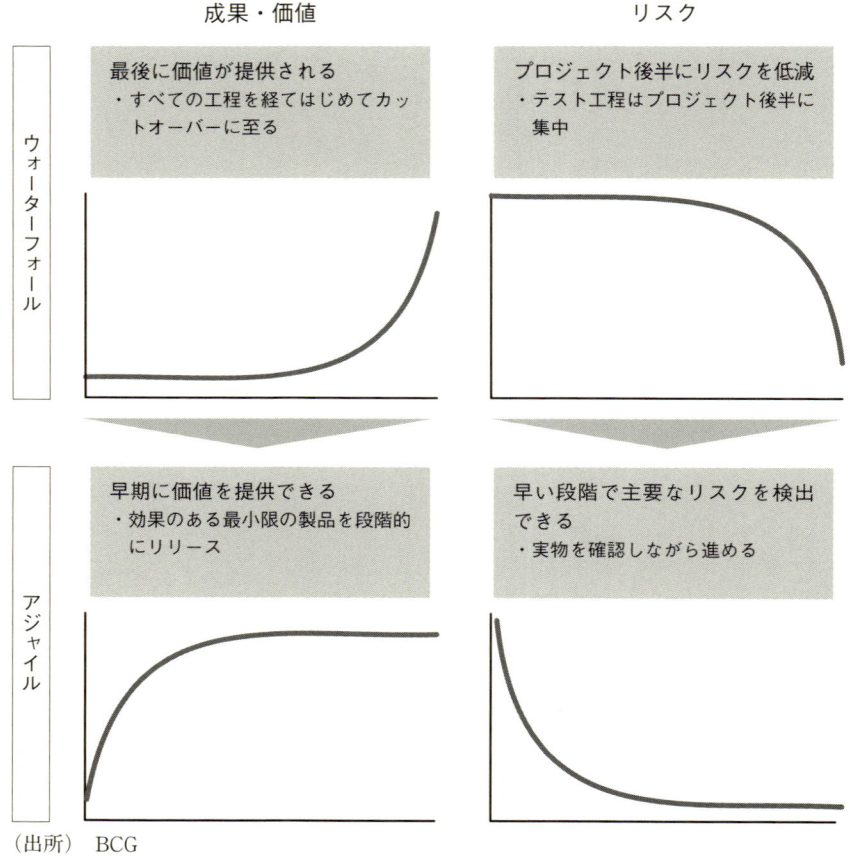

図表10-3　アジャイル開発の主な効用

成果・価値　　　　　　　　　　　　　　リスク

ウォーターフォール

最後に価値が提供される
・すべての工程を経てはじめてカットオーバーに至る

プロジェクト後半にリスクを低減
・テスト工程はプロジェクト後半に集中

アジャイル

早期に価値を提供できる
・効果のある最小限の製品を段階的にリリース

早い段階で主要なリスクを検出できる
・実物を確認しながら進める

（出所）　BCG

確実性を前提とし、変化に適応すべく、自律的な個々人が協業し合いながら仕事を進める――これが新たな働き方の方向性を示す思想、アジャイルであると考える。

　「思想・考え方」としてのアジャイルの汎用性は高い。現在ではソフトウェア系企業に限らず、さまざまな企業が各種プロジェクト（開発現場にとどまらない）に採用・実用化している。フィンテックの領域でデジタルプ

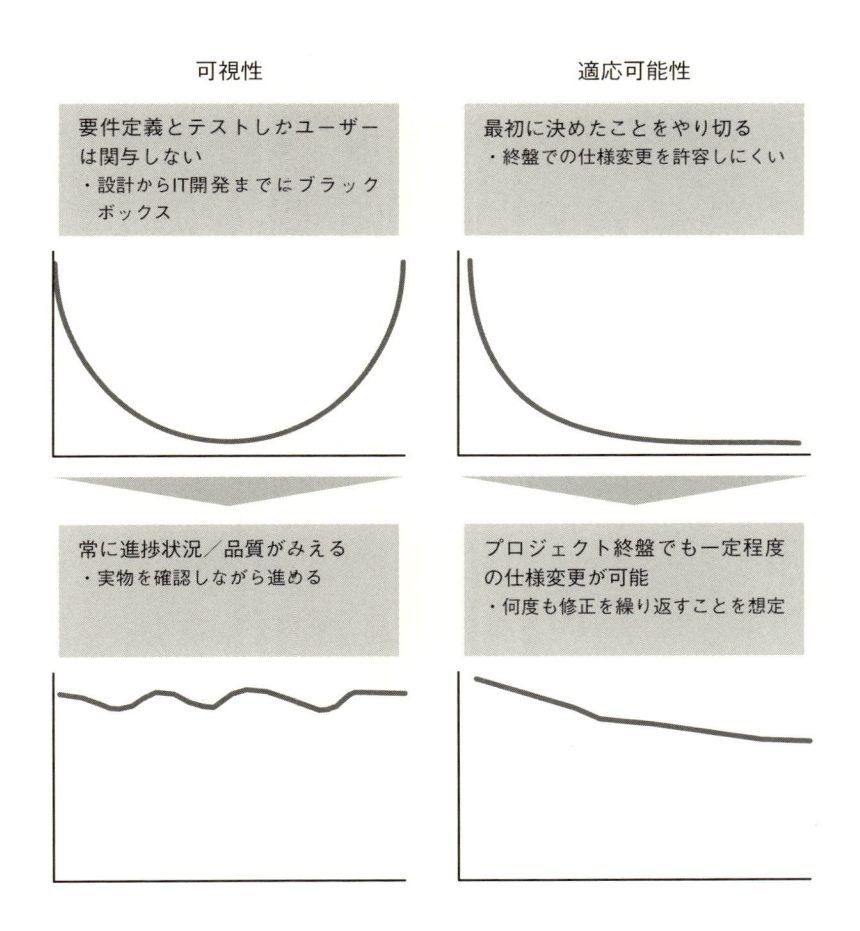

	可視性	適応可能性

要件定義とテストしかユーザー
は関与しない
・設計からIT開発までにブラック
ボックス

最初に決めたことをやり切る
・終盤での仕様変更を許容しにくい

常に進捗状況／品質がみえる
・実物を確認しながら進める

プロジェクト終盤でも一定程度
の仕様変更が可能
・何度も修正を繰り返すことを想定

レーヤーやスタートアップ企業と競わざるをえなくなった銀行業界でも先進
行のなかでは導入の動きが増えつつある。

アジャイル開発の実際：プロジェクトの進め方とチーム構成

　ここからは「アジャイル開発」を題材に、プロジェクトの進め方やチーム
の組み方などについて具体的に解説したい（図表10－4）。

図表10－4　アジャイルの進め方

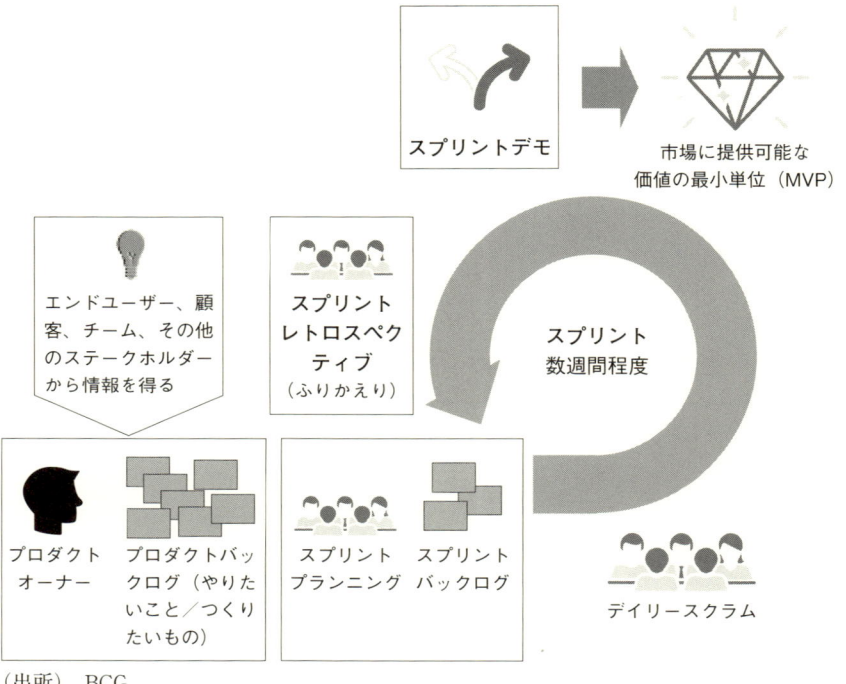

（出所）　BCG

アジャイル開発は、クロスファンクショナル（全社的、部門横断的）なアジャイルチームを編成するところから始まる。各部門から選ばれた、さまざまな知識やノウハウをもつ専任メンバーが一堂に会し、チームで成し遂げたい「目的・ゴール」（顧客／ユーザーに提供したい体験）の達成に向けて協業（協働）する。最初に「何をつくるのか（完成形・最終形）」を厳密に決めるウォーターフォール開発とは異なり、「目的・ゴール」をセットした後、走りながら具体的に「完成形・最終形」を決めていく。

　まず、チームとして達成するべき「目的・ゴール」を定め、プロダクトバックログ（実現したいことや顧客に提供したい価値に優先順位を付け、リスト化したもの）を作成する。

次に、スプリントプランニングと呼ばれる数時間にわたる集中会議を開き、2〜4週間のスプリント（1つの工程）内でチームが取り組むタスクリストを決める（このリストをスプリントバックログと呼ぶ）。

　スプリント期間中は、そこで決めたタスクリストの項目にチームで集中的に取り組む。「スプリント」という言葉のとおり、期間中チームは、ほかのことには目もくれず、ひたすらタスク消化に集中する（まるでスプリント走のように）。ただし、本当のスプリント走とは異なり、パフォーマンスの高いチームでは自然発生的に声の掛け合い・スキルの教え合い・助け合いが、活発になされる（自律的な協働）。

　スプリント期間を終えると、期間中にチームがつくったプロダクト（成果物）のレビューを行う会議を開き、期待どおりのプロダクトをつくれているか厳密にチェックする（これをスプリントデモ、またはスプリントレビューと呼ぶ）。また、それとは別に、そのスプリント期間におけるチームの働き方について、より生産性を高めるためには何ができたかを、チーム全員で反省／ふりかえりをする会議（スプリントレトロスペクティブ）を行う。以上をふまえて、次のスプリント期間に向けて、スプリントプランニングを行う——このサイクルを繰り返す。

　このように、スプリントごとに小刻みにプロダクトをアップグレードしながら、うつろいがちな顧客が本当に求める商品・サービスに近づけていくのだ。

　以上のスキームを円滑に機能させるため、チームには「プロダクトオーナー」「開発チーム」「スクラムマスター」という3つの役割を設定する。

①　プロダクトオーナー

　まずはチーム全体の意思決定の要となるリーダー、プロダクトオーナーを1人決める。

　プロダクトオーナーの重要な役割は、事業戦略や市場調査をふまえ、チームがつくる成果物、つまりは商品・サービスの提供価値を決めることだ。同時に「最初のスプリントではこの機能をつくり、次のスプリントではこの部

品をつくる」といった具合に、商品・サービスを構成する機能や部品に優先順位をつけ、後述する開発チームに対し、開発依頼を出す。1つのスプリントが終わるたびにスプリントデモ（レビュー）で、「このまま進めるのか、軌道修正を求めるのか」を判断するのもプロダクトオーナーの仕事だ。それを通じ、プロダクトオーナーは、開発チームが生み出す成果物の価値を最大化すること、全体のROI（投資利益率）に対して責任をもつ。

アジャイルチームでの「意思決定権」は、プロダクトオーナーに集約される。権限を集約することにより、アジャイルチーム外の上長や同僚からの横やりのリスクを排除し、意思決定のスピードを高めるのがその目的だ。実際には経営トップや担当役員が、プロダクトオーナーと事前にゴール、および回避すべきリスクなどについて、綿密にコミュニケーションを重ね、お互いに納得した状態をつくっていることが一般的である。

これは銀行でいえば課長や次長といった階層の中間管理職が就く役割だが、重要なのは従来の"上長の使える部下"ではなく、"ミニ社長"でなければならないということだ。意思決定に迷うときには経営トップや役員間をかけまわって解決を図ることも必要になる。

② 開発チーム

開発チームはプロダクトオーナーの指揮下で動く開発部隊で、開発のプロセスと、その結果に対する責任をもつ。

一人ひとりは各部門から選ばれたなんらかの領域の専門家だが、自分の領域に閉じこもらず、一致団結して同じゴールを目指さなければならない。そのためには必要なスキルやノウハウ、デザイン力やプロモーション力といった自身の強みを最大限発揮することはもちろんだが、別の役割を担うメンバーと議論をしたり、意見交換したりする一種の「領空侵犯」も重要になる。さらに、プロダクトオーナーや関係者、あるいは顧客に積極的に意見・フィードバックをもらいにいって、よりよい商品・サービスの開発につなげていく動きなどが求められる。

③　スクラムマスター

スクラムマスターはアジャイル開発に独特な役割で、いわばプロダクトオーナーと開発チームのサポート役だ。アジャイルチーム内の状況や推進上の課題を一歩離れたところから把握し、「チームが効率的に開発を進めるうえでの障壁物を把握し、その問題解決を図る」「協働を促し生産性を高めるために、チームメンバー一人ひとりのマインドを変える」といった、さまざまなサポートを行う。チーム内の意思疎通や動きを円滑にするファシリテーターであり、コーディネーターであり、コーチでもある。

「アジャイル」をきちんと機能させるには、メンバーをそろえ、プロセスを変えるだけでなく、以下の3つの条件を満たす必要がある。

1つ目は、チームの挑戦を後押しする環境だ。企業によってはアジャイル開発への理解が乏しい上長や同僚から横やりが飛んでくることがある。チームがのびのびと挑戦できるよう、経営トップや役員はプロダクトオーナーに大きな権限を与えると同時に、トライアンドエラーを許容することを表明する必要がある。2つ目は、短期間で成果を可視化できる仕組みがあることだ。通常、2〜4週間程度でスプリントを回すため、その期間内にレビューができなければチームの動きが止まってしまう。3つ目は、チームの人数を最大でも20人程度にとどめることだ。ウォーターフォール型の開発とは異なり、全員がその場で自由に意見を出し合いながら合意形成を図るため、30〜40人もいると迅速な情報共有や意思決定が困難になる。理想をいえば、10人程度で成り立つチームを編成したい。

以上の3条件を満たすことができればアジャイルチームは円滑に動き出す可能性が高い。

デジタル時代に銀行が「アジャイル」を導入するには

アジャイルをベースとした働き方は、さまざまな業務で活用可能だ。冒頭で紹介したオランダINGではニック・ジューの主導で2015年にほぼすべての

部署・業務に「アジャイル」を導入し、顧客対応の質とスピードを向上させることに成功している。彼は、「私がやろうとしているのは、私たちの組織を、グレイハウンドのように速くて柔軟にするために訓練することだ。ゾウがもつ力は維持したいので、ゾウのままでいたい。しかし速さと柔軟性も手に入れたいのだ」と語っている。

だが、銀行のような組織が「アジャイル」を導入し、社内の業務を一気に変えようとすると大きな混乱が生じかねない。そこでBCGでは、特定の場所で成果をあげ、それを少しずつ全体に広げていくやり方を推奨している。イメージしやすいのは以下の3ステップだ。

ステップ1："アジャイル特区"を設ける

最初からすべてのプロジェクトや業務をアジャイルで行うのではなく、いったん「オンラインバンキングのアプリ開発」「デジタル融資サービス」といったテーマに絞り、"特区"のような扱いでパイロット・プロジェクトを開始する。

実際にプロジェクトを始めると従来の制度や環境との間で不整合や軋轢が生じてくるはずだ。先ほども触れたように、派遣元部門の上長や同僚が介入してくることもある。そのとき経営トップは横やりや雑音からチームを守る必要がある。その"守られたスペース"でアジャイルを試行し、そこで起きたことをしっかりと観察する。

これにより、アジャイルを本格導入する際の障壁になる制度や環境が浮彫りになる。

ステップ2：アジャイル導入の障壁になる既存制度を再設計／変革して特区で試す

ステップ1（パイロット・プロジェクト）を経ると、銀行の場合、従来型の人事・評価制度や、組織体制、予算のつくり方／使い方／評価の仕方、ITシステムなど、企業を成り立たせ・維持してきたあらゆる仕組みが、アジャイル導入のボトルネックとなると気づくことが多い。

人事・評価制度がその好例だ。多くの銀行では、行員と上長がその期の部

門の目標に基づいて「この期にこれをつくる」「この期にこれを成し遂げる」といった約束ごとを交わす。そして1年後の期末のミーティングで「期初の目標を達成できたか」を評価する。

一方、アジャイルでは最終的な成果物が、当初の想定や約束と大きく異なるケースが多い。それが顧客のニーズに寄り添った結果であり、実際に成果があがっていればよいのである。したがってここでは、それぞれのスプリント内での頑張りを正当に評価したうえで「次のスプリントではここをこう修正しよう」といった、リアルタイム性の高いフィードバックをすることが重要だ。

組織体制もしかりだ。アジャイルにおいては、タテ割り／サイロを超えて集まった専門性を備えたクロスファンクショナルなチームでの推進が原則だ。限られた資源のなかで、顧客への提供価値を最大化させることを使命とするプロダクトオーナーの要望は、時に、各メンバーの出身部門に「負担」を強いるものとなる。そのようなとき、部門を背負ってチームに参画していると、チームメンバーはどうしても上長の顔を思い出してしまうのではないか。先進的な企業では、既存の専門機能別の組織体制を大幅に見直し（解体し）、アジャイルチームの集合体とするかたちへ、組織を変革する大きな判断を踏み切る事例もみられるようになっている。

予算のつくり方／使い方／評価の仕方もそうだ。たとえば施策ごとに年度予算を付けるやり方では、アジャイルを円滑に進められない懸念がある。施策の内容が毎回のリリースを経てどんどん変容していくため、年初に立てた予算ではカバーできなくなる可能性がある。

アジャイル導入を促進するためには、個別施策ではなく、顧客価値（誰（＝顧客）にどのような価値を提供するのか）を起点に、その顧客価値を実現したとき、結果どのようなリターンを見込むかを見極めたうえで、資源配分を行う。このとき、個別施策に資源を付け、一つひとつの施策の効果を厳密に測るのではなく、密接に関連する施策群を束ねた「テーマごと」「顧客体験ごと」、あるいは「カスタマージャーニーごと」に資源配分を決めるのがポ

イントだ。たとえば、「顧客（法人）ごとに最適な貸出条件を自動算出するAIエンジン導入」という個別の施策への資源配分の判断ではなく、「顧客（法人）が、財務的に過剰なリスクや心理的な不安を抱えずに、しっかり事業成長に集中できる」といった「顧客体験」を実現させたとき、どれくらいのリターンを自社が得られるのかを定量的に見極め、それをもとに、自社の資源投下量を判断する。これにより、個別施策の中身を柔軟に変化させていくのみならず、そもそも市場投入した結果、効果がないとわかった施策はすぐに手じまいし、それを学びとした新しい施策に資源再配分する、といった迅速・柔軟な動きが現場レベルで可能となる。

もちろん、アジャイルの原則の通り、「ROI」に責任をもつプロダクトオーナーは、常に経営に対し資源投下とその進捗・成果への説明責任を果たす必要があることを明記しておく。決して、野放図に資金を使わせるわけではない。

このような新しい制度への変革は、アジャイルチームが複数立ち上がってきた頃をメドに、特区内で試行する。

ステップ3：アジャイルに適した制度や環境の全社移植（Agile@Scale）

「アジャイル」に適するかたちへ再設計／変革した各種制度の有効性を「特区」で確認できたら、全社的な導入を図る。「アジャイル」のメリットを最大限に引き出し、全社に広げるためには、全社内で多くの変革を引き起こすことが必要である。これは、まさしく経営マターであり、経営トップの強い意志が必要となる。実際、オランダINGを含めアジャイル先進行では、経営が高いコミットメントをみせている。

ステップ3まで到達した企業においては、従来の制度が限界にきていることは多くの社員が感じ取っていることであり、その頃には「アジャイル」の考え方に異を唱える人は少なくなっていると考えられるが、いざ実践の段になって戸惑う社員が出てくる可能性はある（総論賛成・各論反対派）。

その際には、経営トップが「特区内での目にみえる成果」を示しながら、他部門や他のプロジェクトチームに「アジャイル」の有効性を粘り強く語

り、導入を推進することが必須となる。その取組みにより、激しい競争環境下で勝ち残っていける体質を獲得できる（図表10-5）。

「アジャイル」を自組織に浸透させる・埋め込む取組みは、社員たちが自律的に考え・動き、かつそれぞれに積極的に協業をしながら、不確実性のなかでも最善の解決策を自らつくりだし、かつ継続的に改善していく、といっ

図表10-5　Agile@Scaleを成し遂げるために必要な変革の全体像

アジャイルのメリットを最大限引き出す／アジャイルを全社に広げるためには、多くの変革を組織内で引き起こすことが必要（＝Agile@Scale）

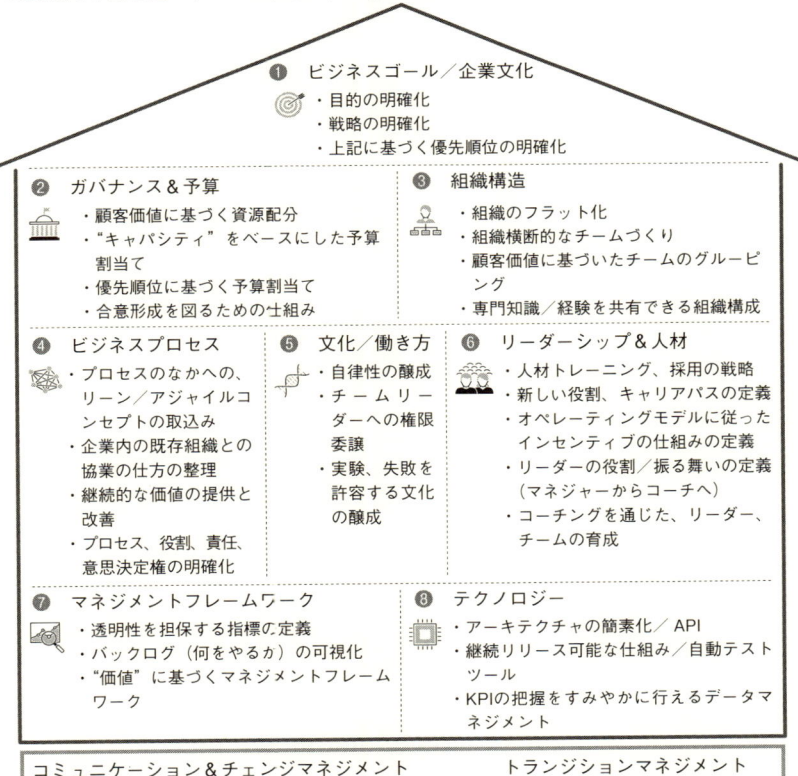

❶ ビジネスゴール／企業文化
・目的の明確化
・戦略の明確化
・上記に基づく優先順位の明確化

❷ ガバナンス＆予算
・顧客価値に基づく資源配分
・"キャパシティ"をベースにした予算割当て
・優先順位に基づく予算割当て
・合意形成を図るための仕組み

❸ 組織構造
・組織のフラット化
・組織横断的なチームづくり
・顧客価値に基づいたチームのグルーピング
・専門知識／経験を共有できる組織構成

❹ ビジネスプロセス
・プロセスのなかへの、リーン／アジャイルコンセプトの取込み
・企業内の既存組織との協業の仕方の整理
・継続的な価値の提供と改善
・プロセス、役割、責任、意思決定権の明確化

❺ 文化／働き方
・自律性の醸成
・チームリーダーへの権限委譲
・実験、失敗を許容する文化の醸成

❻ リーダーシップ＆人材
・人材トレーニング、採用の戦略
・新しい役割、キャリアパスの定義
・オペレーティングモデルに従ったインセンティブの仕組みの定義
・リーダーの役割／振る舞いの定義（マネジャーからコーチへ）
・コーチングを通じた、リーダー、チームの育成

❼ マネジメントフレームワーク
・透明性を担保する指標の定義
・バックログ（何をやるか）の可視化
・"価値"に基づくマネジメントフレームワーク

❽ テクノロジー
・アーキテクチャの簡素化／API
・継続リリース可能な仕組み／自動テストツール
・KPIの把握をすみやかに行えるデータマネジメント

コミュニケーション＆チェンジマネジメント
・継続的な内部、外部発信
・個人対個人のコミュニケーション
・"体験"の重視
・実験／失敗の許容

トランジションマネジメント
・より重要な仕事／業務へのアジャイル適用の考え方整理

（出所）　BCG

た「これからの働き方」に向けた変革活動にほかならない。そしてそれは、社員一人ひとりの潜在能力を諸々の制約（従来型の制度など）から解放していく活動でもある。きわめて困難な局面もある営みではあるが、これからの事業環境を勝ち残るためには不可欠な取組みであり、成し遂げた際に得られる果実は大きい。この変革に踏み出していけるか否かは、経営トップの意識にかかっている。

あとがき

　本書では、デジタル技術の進化を契機として銀行および金融業がどう進化していくのかについて、サービス領域ごと、それを支えるインフラ・仕組みごとに論じてきた。これらを俯瞰してみると、当たり前ともいえる2つの視点を、かたちを変えて強調してきたように思える。

　1つは、金融業は重要かつある意味特殊な産業ではあるが、お客様へ奉仕し続けるサービス産業である、という視点である。銀行、金融という言葉には、ポジティブにいえば「重み」や「信頼感」、ネガティブにいえば「お堅さ」や「慎重さ」を感じさせる響きがある。お客様向けのサービスを日々進化させるために泥臭いことも含め不断に努力するサービス業としての要素が他業種に比べて必ずしも強くないためかもしれない。もちろん、信用、信頼、安全が最も高い水準で求められるという制約はある。しかしながら、他業種のプレーヤーが金融領域に進出してくる、また、金融サービス自体が他サービス領域に溶け込んでいっている、などの昨今の状況に鑑みると、われわれは日々進化し続けるサービス業である、という意識をよりいっそう強め、努力していく必要がありそうだ。さらにいえば、「金融サービス」というと慎重で静的な印象がぬぐえないきらいもあるので、「フィナンシャルサービス」というような気持ちで、お客様に寄り添い、進化し続けられればと思う。

　また、金融業はデジタル産業の典型である、という視点も強調してきた。デジタル企業というと、ネット系スタートアップなどを連想してしまうが、銀行、金融業は、莫大なデータを保有、処理する高度な情報サービス業であり、デジタル産業の代表格と考えるのが妥当である。よって、デジタルを活用する、という言い方はやめて、もはやデジタルが本業と考えるくらいがよいだろう。本来であれば、活力に満ちたデジタルネイティブ人材が、スタートアップ企業ではなく、銀行にわれ先にと応募してくるくらいの状況があっ

てもよい。ただ、現実がそうなっていないのは、私たちを含め銀行にかかわる人々自身が、銀行がデジタル産業だと、まだまだ本気で考えられていないことも原因の1つではないだろうか。

　かつて、日本はモノづくり立国の次のステージを意識して「金融立国」を目指すべき、といわれていた時期があった。そもそも金融立国とは何かという議論もあるし、実現できるのか／するべきか、という観点からも多様な意見があるだろう。ただ、業界が当時抱いていた目標、野心がいまより高く大きなものだったのはたしかだ。しかしながら、銀行、金融業が進化し続けるサービス業であり、典型的なデジタル産業であるとすれば、おもてなしの姿勢を大事にし、技術立国を標榜するわが国は、新しい時代の金融の姿をいち早く実現することで"金融リーディング国"になりうるのではないか。つまり、かたちは違うかもしれないが、かつて目指したような高い目標に達しうる、ということである。そのような道筋を進む努力をされている読者の皆様に、本書の論考が少しでもお役に立てれば幸いである。

　本書でご紹介した知見や考察は、国内のみならずBCGの多くのクライアントとの議論や協働を通じて生まれ、培われたものである。それらの機会をいただいたクライアントの皆様にこの場を借りて心から感謝申し上げたい。

　また、本書の出版にあたっては、きんざい出版部の堀内駿さんに大きなご尽力をいただいた。執筆の過程では、本間康幸さんに構成・編集をご支援いただいたほか、BCGエディターの嶋津葉子さん、同ナレッジ・チームの金子佳子さん、申東漢さん、華山恵麗名さん、そして小野澤由紀さん、久須美志保さん、鈴木りほさんをはじめ、同秘書室のメンバーにサポートいただいた。心からお礼を申し上げたい。

【執筆者略歴】

佐々木　靖（ささき　やすし）　（序章）

ボストン コンサルティング グループ（BCG）マネージング・ディレクター＆シニア・パートナー。BCG日本支社長兼北東アジア総責任者。慶應義塾大学経済学部卒業。欧州経営大学院（INSEAD）経営学修士（MBA）、ロンドン・スクール・オブ・エコノミクス修士（MSc）。株式会社日本興業銀行（現みずほフィナンシャルグループ）を経て現在に至る。

平野　聡久（ひらの　としひさ）　（1章、8章、全体統括）

BCGマネージング・ディレクター＆パートナー。東京大学法学部卒業。ロンドン・ビジネス・スクール経営学修士（MBA）。日本銀行、BCGパリ・オフィスを経て現在に至る。BCGテクノロジーアドバンテッジ・グループの日本リーダー、および金融グループ、保険グループのコアメンバー。

富屋　有治（とみや　ゆうじ）　（2章）

BCGマネージング・ディレクター＆パートナー。早稲田大学商学部卒業。ヤフー株式会社、スタートアップ企業の起業・経営、GEなどを経て現在に至る。BCG金融グループ、保険グループ、およびテクノロジーアドバンテッジ・グループのコアメンバー。

堀川　隆（ほりかわ　たかし）　（3章）

BCGマネージング・ディレクター＆パートナー。東京大学理学部卒業。株式会社三和銀行、ING生命保険株式会社、AIG株式会社等を経て現在に至る。BCG金融グループ、保険グループ、およびマーケティング・営業・プライシング・グループのコアメンバー。

野口　智弘（のぐち　ともひろ）　（4章）

BCGプリンシパル。東京大学法学部卒業。英国Warwick大学経済学修士。日本銀行を経て現在に至る。BCG金融グループ、保険グループ、および組織・人材グループのコアメンバー。

奥　雄太郎（おく　ゆうたろう）（5章）

BCGアソシエイト・ディレクター。慶應義塾大学総合政策学部卒業。株式会社野村総合研究所、新日本有限責任監査法人を経て現在に至る。BCG金融グループ、保険グループのコアメンバーで、専門分野は法人金融・国際金融。

陳　昭蓉（ちん　しょうよう）（6章）

BCGマネージング・ディレクター＆パートナー。台湾師範大学数学学科卒業。東京工業大学経営工学専攻博士課程修了（Ph.D）。台湾松下電器、BCGプラハ・オフィスを経て現在に至る。BCG金融グループ、保険グループおよびコーポレートファイナンス＆ストラテジー・グループのコアメンバー。

高部　陽平（たかべ　ようへい）（7章）

BCGマネージング・ディレクター＆パートナー。慶應義塾大学環境情報学部卒業。IT系コンサルティングファーム、BCGミュンヘン・オフィスを経て現在に至る。BCG保険グループのアジア・パシフィック地区リーダー、および、DigitalBCG Japanの日本共同リーダー。同金融グループのコアメンバー。

刀禰　雅史（とね　まさし）（7章）

BCGプロジェクト・リーダー。東京大学工学部卒業。日本アイ・ビー・エム株式会社を経て現在に至る。BCG金融グループ、保険グループ、およびテクノロジーアドバンテッジ・グループのコアメンバー。

竹内　達也（たけうち　たつや）（9章）

BCGマネージング・ディレクター＆パートナー。東京大学教養学部卒業。同大学院総合文化研究科修士。ドイツ銀行を経てBCGに入社。BCG組織・人材グループの日本リーダー。同金融グループ、保険グループ、およびテクノロジーアドバンテッジ・グループのコアメンバー。

吉岡　達循（よしおか　たつゆき）（10章）

　BCGプリンシパル。慶應義塾大学環境情報学部卒業。同大学大学院経営学修士（MBA）。シティグループ証券株式会社を経て現在に至る。BCG金融グループ、保険グループ、およびテクノロジーアドバンテッジ・グループ、コーポレートファイナンス＆ストラテジー・グループのコアメンバー。

内田　有希昌（うちだ　ゆきまさ）（あとがき）

　BCG日本共同代表。東京大学文学部卒業。カーネギーメロン大学経営学修士（MBA）。株式会社三和銀行（現三菱UFJフィナンシャル・グループ）を経て現在に至る。BCG金融グループの日本リーダー、および保険グループのコアメンバー。トランスフォーメーションとターンアラウンドの専門ユニットであるBCG TURNの北東アジア地区リーダー。

ボストン コンサルティング グループ（BCG）
金融グループ

BCGは、ビジネスや社会のリーダーとともに戦略課題の解決や成長機会の実現に取り組んでいる。1963年に戦略コンサルティングのパイオニアとして創設され、今日では変革の推進、組織力の向上、競争優位性構築、収益改善をはじめクライアントのトランスフォーメーション全般にわたる支援を行う。

グローバルで多様性に富むチームが、産業や経営トピックに関する深い専門知識と企業変革を促進する洞察をもとに、テクノロジー、デジタルベンチャー、パーパスなどの各領域の専門組織も活用し、クライアントの経営課題に対しソリューションを提供している。

金融グループでは、国や地域を横断したエキスパートチームが業界に特化した調査研究・専門知識の共有を行うとともに、幅広いテーマで世界各地の金融機関を支援している。

https://www.bcg.com/ja-jp/default.aspx

デジタル革命時代における銀行経営

2019年12月24日　第1刷発行
2020年8月26日　第2刷発行

著　者　ボストン コンサルティング グループ
　　　　金融グループ
発行者　加藤　一浩

〒160-8520　東京都新宿区南元町19
発　行　所　一般社団法人 金融財政事情研究会
企画・制作・販売　株式会社きんざい
出 版 部　TEL 03（3355）2251　FAX 03（3357）7416
販売受付　TEL 03（3358）2891　FAX 03（3358）0037
URL https://www.kinzai.jp/

DTP・校正：株式会社友人社／印刷：奥村印刷株式会社

ISBN978-4-322-13499-5